AF902477

Funktion und Bestand der deutschen Staatsangehörigkeit nach dem Grundvertragsurteil

# Europäische Hochschulschriften

Publications Universitaires Européennes
European University Studies

**Reihe II**

**Rechtswissenschaft**

Série II Series II

Droit
Law

**Bd./Vol. 267**

PETER D. LANG
Frankfurt am Main · Bern

Robert Fritzsche

# Funktion und Bestand der deutschen Staatsangehörigkeit nach dem Grundvertragsurteil

PETER D. LANG
Frankfurt am Main · Bern

CIP-Kurztitelaufnahme der Deutschen Bibliothek

**Fritzsche, Robert:**

Funktion und Bestand der deutschen Staatsange=
hörigkeit nach dem Grundvertragsurteil / Robert
Fritzsche. - Frankfurt am Main ; Bern : Lang,
1981.
(Europäische Hochschulschriften : Reihe 2,
Rechtswiss. ; Bd. 267)
ISBN 3-8204-7056-5
NE: Europäische Hochschulschriften / 02

ISBN 3-8204-7056-5

# VORSPRUCH

"Ich bin ein Deutscher. Die Grenze, die Deutschland teilt, ging und geht durch mich hindurch. Und sie wird durch mich hindurchgehen, solange sie und ich existieren werden (und ich vermute, sie wird stabiler sein als ich).

Und ich bin ein Schriftsteller, an dessen Arbeiten es abzulesen ist und in Zukunft vielleicht noch häufiger abzulesen sein wird, daß diese Grenze durch mich hindurchgeht. Ich habe den Staat gewechselt, nicht die Nation. Und erst recht nicht meine Identität."

Reiner Kunze
in einem Interview, abgedruckt im Rheinischen Merkur 1977, Nr. 42, S. 32

# INHALTSVERZEICHNIS

# LITERATURVERZEICHNIS

ABENDROTH, Wolfgang: Die Haftung des Reiches, Preußens, der Mark Brandenburg und der Gebietskörperschaften des öffentlichen Rechts für Verbindlichkeiten, die vor der Kapitulation vom 8. Mai 1945 entstanden sind, in: NJ 1947, S. 73

ARNDT, Claus: Neuregelung zur Verringerung von Staatenlosigkeit, in: NJW 1977, S. 1564

ASSMANN, Walter u.a. (Autorenkollektiv): Staatsrecht der DDR, Berlin 1978

BAUER, Karl-Heinz: Die deutsche Staatsangehörigkeit in der Bundesrepublik Deutschland und der Deutschen Demokratischen Republik nach dem Grundvertrag, Diss. München 1974

BERBER, Friedrich: Lehrbuch des Völkerrechts, I. Band, Allgemeines Friedensrecht, München 1975

- : Lehrbuch des Völkerrechts, II. Band, Kriegsrecht, München 1969

BERNHARDT, Rudolf: Völkerrechtliche Bemerkungen zum Grundvertragsurteil des Bundesverfassungsgerichts, in: Recht im Dienst des Friedens, Festschrift für E. Menzel, 1975

BILLING, Werner: Bundesverfassungsgericht und Außenpolitik, in: Schwarz, Hans Peter, Handbuch der deutschen Außenpolitik, München, Zürich 1975

BLUMENWITZ, Dieter: Staatsbegriff und Deutschlandpolitik, in: Was wir wünschen - Junge Bundesbürger über die Zukunft ihres Staates, 1974, S. 56

- : Fünf Jahre Grundvertragsurteil des Bundesverfassungsgerichts, Einführungsreferat zu den Grundsatzfragen, in: Schriften zur Rechtslage Deutschlands, Band 1, Fünf Jahre Grundvertragsurteil des Bundesverfassungsgerichts, S. 7, Köln, Berlin, Bonn, München 1979

- : Die deutsche Staatsangehörigkeit und die Schutzpflicht der Bundesrepublik Deutschland, in: Konflikt und Ordnung, Festschrift für Murad Ferid, München 1978

- : Die grenzbezogenen Regelungen der KSZE und die Bundesrepublik, in: Partnerschaft mit dem Osten, S. 217, München 1976

- : Die Errichtung Ständiger Vertretungen im Lichte des Staats- und Völkerrechts, Baden-Baden 1975

BÖCKENFÖRDE, Ernst-Wolfgang: Die Teilung Deutschlands und die deutsche Staatsangehörigkeit, in: Epirrhosis, Festgabe für Carl Schmitt, Berlin 1968

BOGS, Harald: Die verfassungskonforme Auslegung von Gesetzen unter besonderer Berücksichtigung der Rechtsprechung des Bundesverfassungsgerichts, Stuttgart 1966

- : Die Bindung des Fallrichters an eine verfassungskonforme Gesetzesauslegung des Normenkontrollrichters, in: DVBl. 1965, S. 633

BROCKHAUS Enzyklopädie, Bildwörterbuch der deutschen Sprache, 24. Band

BUNDESREGIERUNG: Denkschrift der Bundesregierung zum Grundlagenvertrag, BR-Drs 640/72

CIESLAR, Eve, HAMPEL, Johannes, ZEITLER, Franz-Christoph: Der Streit um den Grundvertrag, München, Wien 1973

DANOWSKI, Jürgen: Das Polenbild der "Landsmannschaft Ostpreußen", Diss. Würzburg 1977

DREIER, Ralf, SCHWEGMANN, Friedrich: Probleme der Verfassungsinterpretation, Dokumentation einer Kontroverse, Baden-Baden 1976

DÜRIG, Günter, RUDOLF, Walter: Texte zur deutschen Verfassungsgeschichte, München 1979

EVERS, Hans Ulrich: Die Verfassungen der deutschen Bundesländer, München 1975 (Goldmann JURA)

FAUST, Fritz: Das Potsdamer Abkommen und seine völkerrechtliche Bedeutung, Frankfurt (Main), Berlin 1969

FORSTHOFF, Ernst: Die Umbildung des Verfassungsgesetzes, in: Friedrich Manfred: Verfassung, Beiträge zur Verfassungstheorie, Darmstadt 1978

GRAWERT, Rolf: Staat und Staatsangehörigkeit, Berlin 1973

HACKER, Jens: Diskussionsbeitrag, in: Münch, Oppermann, Stödter: Finis Germaniae?, Frankfurt (Main) 1977, S. 73, 74

- : Was gibt das Selbstbestimmungsrecht für die Zukunft Deutschlands her?, in: Finis Germaniae?, S. 138

HAILBRONNER, Kay: Deutsche Staatsangehörigkeit und diplomatischer Schutz durch die BRD, in: JZ 1975, S. 596

HEINZEL, Alfred: Einführung in das Staatsangehörigkeitsrecht, in: Schleser, Walter Fr., Die deutsche Staatsangehörigkeit, Frankfurt (Main) 1976, S. 17

- : Befugnisse auf dem Gebiet der deutschen Staatsangehörigkeit, in: wie oben, S. 229

HELDRICH, Andreas: Innerdeutsches Kollisionsrecht und Staatsangehörigkeitsfrage, in: NJW 1978, S. 2170

HESSE, Konrad: Grundzüge des Verfassungsrechts der Bundesrepublik Deutschland, Karlsruhe 1975

HOFFMANN, Gerhard: Die Staatsangehörigkeit in den deutschen Bundesländern, in: AÖR 1956, S. 300

HUBER, Ernst Rudolf: Dokumente zur deutschen Verfassungsgeschichte, Stuttgart, Bd. 1 1961, Bd. 2 1964

IPSEN, Hans Peter: Über das Grundgesetz, 1950

JAHRREISS, Hermann: Mensch und Staat, Rechtsphilosophische, staatsrechtliche und völkerrechtliche Grundfragen in unserer Zeit, Köln, Berlin 1957

KÄGI, Werner: Die Verfassung als rechtliche Grundordnung des Staates, Zürich 1945

KEWENIG, Wilhelm: Auf der Suche nach einer neuen Deutschlandtheorie, in: DÖV 1973, S. 797

KIMMINICH, Otto: Das Urteil über die Grundlagen der staatsrechtlichen Konstruktion der Bundesrepublik Deutschland, in: DVBl. 1973, S. 657

- : Die Rechtspositionen, Schriftliche Stellungnahme, in: Zur Sache, Deutschlandpolitik, S. 145, Bonn 1977

- : Deutschland als Rechtsbegriff und die Anerkennung der DDR, in: DVBl. 1970, S. 437

- : Einführung in das Völkerrecht, Pullach bei München 1975

KLEIN, Eckart: Bundesverfassungsgericht und Ostverträge, in: Schriftenreihe der Kulturstiftung der deutschen Vertriebenen, Heft 4, Bonn 1977

KOJA, Friedrich: Das Verfassungsrecht der österreichischen Bundesländer, Wien, New York 1967

KRIELE, Martin: Die Rechtspositionen, Schriftliche Stellungnahme, in: Zur Sache, Deutschlandpolitik, S. 137, Bonn 1977

KRÜGER, Herbert: Das Staatsangehörigkeitsrecht in Deutschland (Bundesrepublik und DDR), Frankfurt (Main) 1975

LAUN, Rudolf: Die Haager Landkriegsordnung, Wolfenbüttel, Hannover 1948

LECHNER, Hans: Bundesverfassungsgerichtsgesetz, Kommentar, München 1967

LEWALD, Walter: Verfassungsgebot der Wiedervereinigung, in: NJW 1971, S. 89

- : Die verfassungsrechtliche Lage Deutschlands, in: NJW 1973, S. 2265

LÖW, Konrad: Die Grundrechte, München 1977

MAHNKE, Hans-Heinrich: Die besonderen Beziehungen zwischen beiden deutschen Staaten, in: Fünf Jahre Grundvertragsurteil des Bundesverfassungsgerichts, S. 145, Köln, Berlin, Bonn, München 1979

MAKAROV, Alexander N.: Deutsches Staatsangehörigkeitsrecht, Kommentar, Frankfurt (Main), Berlin 1966

MANGOLD, Hermann von, KLEIN, Friedrich: Das Bonner Grundgesetz, Berlin, Frankfurt (Main) 1957

MAUNZ, Theodor, DÜRIG, Günter, HERZOG, Roman, SCHOLZ, Rupert: Grundgesetz Kommentar, München 1958 ff

MEESEN, Karl Matthias: Verfassungsrechtliche Grenzen einer Neuregelung der Staatsangehörigkeit im geteilten Deutschland, in: JZ 1972, S. 673

- : Das Problem der deutschen Staatsangehörigkeit nach dem Grundvertrag, in: Europa-Archiv 1973, S. 515

MORR, Hubertus von: Der Bestand der deutschen Staatsangehörigkeit nach dem Grundvertrag, Berlin 1977, Diss. Bonn 1976

MÜLLER, Jörg P.: Vertrauensschutz im Völkerrecht, Köln, Berlin 1971

MÜNCH, Ingo von, OPPERMANN, Thomas, STÖDTER, Rolf: Finis Germaniae?, Frankfurt (Main) 1977

OPPERMANN, Thomas: Anmerkungen zum Grundvertragsurteil, in: JZ 1973, S. 594

PALANDT, Bürgerliches Gesetzbuch, Kommentar, München 1975

PARPLIES, Hans-Günther: Deutschland nach den Verträgen, Leer (Ostfriesland) 1976

PRESSE- UND INFORMATIONSAMT der Bundesregierung: Der Grundlagenvertrag vor dem Bundesverfassungsgericht, Dokumentation zum Urteil vom 31. Juli 1973, Karlsruhe, Heidelberg 1975

PROEBST, Max von: Die Verfassung des Deutschen Reichs vom 16. April 1871, München 1905

RAUSCHNING, Dietrich: Verträge und andere Akte zur Rechtsstellung Deutschlands, München (Goldmann JURA)

RESS, Georg: Die Rechtslage Deutschlands nach dem Grundlagenvertrag vom 21. Dezember 1972, Berlin, Heidelberg, New York 1978

RUMPF, Helmut: Die deutsche Staatsangehörigkeit nach dem Grundvertrag, in: ZRP 1974, S. 201

- : Inland und Ausland als Rechtsbegriffe in ihrer Bedeutung für Deutschland, in: Der Staat, Zeitschrift für Staatskunde, 1970, S. 289

RUPP - von BRÜNNECK, Wiltraud: Wie weit reicht die Bindungswirkung des Grundvertragsurteils des Bundesverfassungsgerichts?, in: Münch, Oppermann, Stödter: Finis Germaniae?, Frankfurt (Main) 1977, S. 62

SACHS, Michael: Die Bindung des Bundesverfassungsgerichts an seine Entscheidungen, München 1977, Diss. Köln 1976

SEELER, Hans-Joachim: Die Staatsangehörigkeit der deutschen Aussiedler aus Polen, in: NJW 1978, S. 924

SCHÄTZEL, Walter: Das deutsche Staatsangehörigkeitsrecht, Berlin 1958

SCHENKE, Wolf-Rüdiger: Verfassung und Zeit - von der "entzeiteten" zur zeitgeprägten Verfassung, in: AÖR 1978, S. 566

SCHEUNER, Ulrich: Die staatsrechtliche Stellung der Bundesrepublik, in: DÖV 1973, S. 321

- : Das Problem der Nation und des Verhältnisses zur Bundesrepublik Deutschland, in: Drei Jahrzehnte Außenpolitik der DDR, München, Wien 1979

- : Staatszielbestimmungen, in: Festschrift für Ernst Forsthoff, München 1973, S. 325

- : Verfassung, in: Staatslexikon, Band 8, hrsg. von der Görres-Gesellschaft 1963

SCHISCHKOFF, Georgi: Philosophisches Wörterbuch, Stuttgart 1974

SCHLESER, Walter Fr.: Die deutsche Staatsangehörigkeit, Frankfurt (Main) 1976

SCHMIDT-BLEIBTREU, Bruno, KLEIN, Franz: Kommentar zum Grundgesetz für die Bundesrepublik Deutschland, Neuwied, Berlin 1973

SCHMITT, Carl: Verfassungslehre, Berlin 1970

SCHÖNKE, Adolf: Strafgesetzbuch, Kommentar, München, Berlin 1952

SCHRAMM, Theodor: Das Verhältnis der Bundesrepublik Deutschland zur DDR nach dem Grundvertrag, Köln, Berlin, Bonn, München 1975

SCHWARZ, Hans Peter: Handbuch der deutschen Außenpolitik, München, Zürich 1975

STOLL, Christian Th.: Die Rechtsstellung der deutschen Staatsangehörigen in den polnisch verwalteten Gebieten, Frankfurt (Main), Berlin 1968

STERN, Klaus: Das Staatsrecht der Bundesrepublik Deutschland, Band I, Grundbegriffe und Grundlagen des Staatsrechts, Strukturprinzipien der Verfassung, München 1977

STÖDTER, Rolf: Deutschlands Rechtslage, Hamburg 1948

TIEMANN, Burkhard: Zur Rechtsverbindlichkeit von Staatsangehörigkeitsakten der DDR für die Bundesrepublik, in: DÖV 1972, S. 73

TOMUSCHAT, Christian: Auswärtige Gewalt und verfassungsgerichtliche Kontrolle, in: DÖV 1973, S. 801

VERDROSS, Alfred: Völkerrecht, Wien 1964

WEBER, Werner, JAHN, Werner: Synopse zur Deutschlandpolitik 1941 bis 1973, Göttingen 1973

WEBER-FAS, Rudolf: Rechtsstaat und Grundgesetz, Mannheimer Antrittsvorlesung, Pfullingen 1977

WENGLER, Wilhelm: Das Offenhalten der deutschen Frage, in: Fünf Jahre Grundvertragsurteil des Bundesverfassungsgerichts, S. 323, Köln, Berlin, Bonn, München 1979

- : Deutschland als Rechtsbegriff, in: Maunz, Theodor: Vom Bonner Grundgesetz zur gesamtdeutschen Verfassung, Festschrift für Hans Nawiasky, München 1956, S. 498

ZAYAS, Alfred M. de: Die Anglo-Amerikaner und die Vertreibung der Deutschen, München 1978

ZIEGER, Gottfried: Zwei Staaten in Deutschland, in: Im Dienst an Recht und Staat, Festschrift für Werner Weber, Berlin 1974, S. 127

- : Das Problem der deutschen Staatsangehörigkeit, in: Fünf Jahre Grundvertragsurteil des Bundesverfassungsgerichts, Köln, Berlin, Bonn, München 1979, S. 189

- : Deutsche Staatsangehörigkeit und Drittstaaten, in: Internationales Recht und Wirtschaftsordnung, Festschrift für F. A. Mann, München 1977, S. 505

- : Staatsangehörigkeit im geteilten Deutschland - Versuch einer dualistischen Begründung, in: Archiv 1972, S. 249

- : Individuum und politisches System in der DDR, in: Recht in Ost und West, Zeitschrift für Rechtsvergleichung und innerdeutsche Rechtsprobleme, 1979, Heft 5, S. 209

# ABKÜRZUNGEN

| | |
|---|---|
| AA | Auswärtiges Amt |
| AöR | Archiv des öffentlichen Rechts |
| BGB | Bürgerliches Gesetzbuch |
| BGBl. | Bundesgesetzblatt |
| BGH | Bundesgerichtshof |
| BMI | Bundesminister(ium) des Innern |
| BR-Drs. | Bundesratsdrucksache |
| BVerfG | Bundesverfassungsgericht |
| BVerfGE | Entscheidungen des Bundesverfassungsgerichts |
| BVerfGG | Bundesverfassungsgerichtsgesetz |
| DÖV | Die Öffentliche Verwaltung |
| DVBl. | Deutsches Verwaltungsblatt |
| EA | Europa Archiv |
| GBl. DDR | Gesetzblatt der Deutschen Demokratischen Republik |
| GG | Grundgesetz der Bundesrepublik Deutschland |
| GMBl. | Gemeinsames Ministerialblatt |
| GVBl. | Gesetz- und Verordnungsblatt |
| HLKO | Haager Landkriegsordnung |
| JZ | Juristenzeitung |
| MDR | Monatsschrift für Deutsches Recht |
| NJ | Neue Justiz |
| NJW | Neue Juristische Wochenschrift |
| Norddt. BGBl. | Bundesgesetzblatt des Norddeutschen Bundes |
| Rdnr. | Randnummer |
| RGBl. | Reichsgesetzblatt |
| RuStAG | Reichs- und Staatsangehörigkeitsgesetz |
| StAZ | Das Standesamt, Zeitschrift für das Standesamtswesen |
| StBG | Staatsbürgerschaftsgesetz |
| StGB | Strafgesetzbuch |
| WVRK | Wiener Vertragsrechtskonvention |
| ZRP | Zeitschrift für Rechtspolitik |

# EINLEITUNG

Die Problematik der Rechtslage Deutschlands ist nach Abschluß des Vertrages über die Grundlagen der Beziehungen zwischen der Bundesrepublik Deutschland und der Deutschen Demokratischen Republik (Grundvertrag) vom 21. Dezember 1972 (1) in zahlreichen fachwissenschaftlichen Abhandlungen untersucht worden (2). Das Urteil des Bundesverfassungsgerichts vom 31. Juli 1973 über die Verfassungsmäßigkeit des Grundvertrages (Grundvertragsurteil) (3) ist in diese Untersuchungen mit einbezogen worden, und zwar mit z.T. kritischen und z.T. zustimmenden Stellungnahmen. Auch das mit der Rechtslage Deutschlands eng verknüpfte Rechtsinstitut der deutschen Staatsangehörigkeit ist aufgrund der durch den Grundvertrag geschaffenen Rechtslage behandelt und gewürdigt worden (4). Zwar ist hierbei auch das Grundvertragsurteil mit behandelt worden, es steht jedoch im Zusammenhang mit der Staatsangehörigkeitsfrage manchmal nur am Rande

---

1 BGBl 1973 II, S. 423 ff

2 z.B.: Blumenwitz, Staatsbegriff und Deutschlandpolitik, in: Was wir wünschen - Junge Bundesbürger über die Zukunft ihres Staates (1974) S. 56 ff (76); Kewenig, Auf der Suche nach einer neuen Deutschlandtheorie, DÖV 1973/797 ff; Kimminich, Das Urteil über die Grundlagen der staatsrechtlichen Konstruktion der Bundesrepublik Deutschland, DVBl 1973/657; Lewald, Die verfassungsrechtliche Lage Deutschlands, NJW 1973/2265 ff; Scheuner, Die staatsrechtliche Stellung der Bundesrepublik, DÖV 1973/321 ff; Zieger, Zwei Staaten in Deutschland, in: Im Dienst an Recht und Staat, Festschrift für Werner Weber zum 70. Geburtstag, S. 127 ff; sowie Zieger, Das Problem der deutschen Staatsangehörigkeit, in: Fünf Jahre Grundvertragsurteil des Bundesverfassungsgerichts, S. 189 ff

3 BVerfGE Bd. 36 S. 1-36

4 z.B.: Bauer, Die deutsche Staatsangehörigkeit in der Bundesrepublik Deutschland und in der DDR nach dem Grundvertrag, Diss. München 1974; Meesen, Verfassungsrechtliche Grenzen einer Neuregelung der Staatsangehörigkeit im geteilten Deutschland, in: JZ 1972/673 ff; ders., Das Problem der deutschen Staatsangehörigkeit nach dem Grundvertrag, in: Europa-Archiv 1973/515 ff; von Morr, Der Bestand der deutschen Staatsangehörigkeit nach dem Grundvertrag, 1977; Rumpf, Die deutsche Staatsangehörigkeit nach dem Grundvertrag ZRP 1974/201 ff; Zieger, Staatsangehörigkeit im geteilten Deutschland - Versuch einer dualistischen Begründung, Archiv 1972/249 ff; Ress, Die Rechtslage Deutschlands nach dem Grundlagenvertrag vom 21. Dezember 1972, (1978)

der Betrachtungen und rechtlichen Würdigung und läßt deshalb die große Bedeutung, die ihm vor allem auch im Hinblick auf die deutsche Staatsangehörigkeit zukommt, nach meiner Auffassung zu weit zurücktreten.

Dagegen soll in dieser Arbeit die Frage der Funktion und des Bestands der deutschen Staatsangehörigkeit auf der Grundlage der durch das Grundvertragsurteil geschaffenen Rechtslage untersucht werden. Dieses Urteil und seine Auswirkungen auf das Staatsangehörigkeitsrecht des Grundgesetzes stehen deshalb im Mittelpunkt der nachfolgenden Untersuchung. Durch sie soll geklärt werden, welche Funktion der deutschen Staatsangehörigkeit zukommt und ob und inwieweit die deutsche Staatsangehörigkeit nach der Interpretation durch das Bundesverfassungsgericht weiterhin Bestand hat.

Diese Aufgabenstellung ist durch die folgende Überlegung veranlaßt worden.

Es kann nicht nur Aufgabe der Staatsrechtslehre und der Völkerrechtslehre sein, zu prüfen und zu untersuchen, ob und inwieweit das Grundvertragsurteil den fachwissenschaftlich entwickelten Theorien über das Deutschlandproblem und das Staatsangehörigkeitsrecht entspricht. Vielmehr ist es auch wichtig, die Probleme zu untersuchen, die sich stellen, wenn man davon ausgeht, daß das Grundvertragsurteil als gerichtliche Entscheidung hingenommen werden muß. Und dabei ist zu bedenken, daß das Bundesverfassungsgericht als Verfassungsorgan mit diesem Urteil den anderen Verfassungsorganen, den staatlichen Behörden und Gerichten Verhaltensanweisungen erteilt hat, die beachtet und befolgt werden müssen.

Die das Staatsangehörigkeitsrecht betreffenden Grundgesetzbestimmungen gehören zu einer Kategorie von Verfassungsnormen, wobei es das Besondere dieser Kategorie ist, daß sie - worauf Scheuner hingewiesen hat - "gerade den Gesetzgeber und die Sphäre der politischen Entscheidung zu binden vermag, die aber bisher erst eine geringe Bedeutung gefunden hat" (5).

Deshalb wird in dieser Arbeit die Frage nach den Auswirkungen des Grundvertragsurteils auf das Rechtsinstitut der deutschen Staatsangehörigkeit untersucht, und zwar unter Zugrundelegung der Auslegung, die das Bundesverfassungsgericht in diesem Urteil für die das Staatsangehörigkeitsrecht betreffenden Grundgesetzbestimmungen sowie für den Grundvertrag gefun-

---

5 vgl. hierzu Scheuner, der in seinem Aufsatz Staatszielbestimmungen - Festschrift für Ernst Forsthoff zum 70. Geburtstag, München, C.H. Beck 1972 (2. unveränd. Aufl. 1973), S. 325-346 - auch darauf eingeht, daß "Anlage und Auslegung der Verfassung ein erhebliches Maß an Bindungen der politischen Funktionen mit sich (bringt)," und daß die Einrichtung einer umfassenden Verfassungsgerichtsbarkeit dazu beiträgt, "den Vorrang der Verfassung und ihre Ausstrahlung in weite Bereiche der Rechtsordnung zu sichern".

den hat. Hierbei soll der Inhalt dieser Auslegungen geprüft, untersucht und interpretiert werden. Auf dieser Grundlage und unter der Prämisse des Bestands der Entscheidung des Bundesverfassungsgerichts soll eine Beantwortung der Frage nach Funktion und Bestand der deutschen Staatsangehörigkeit gesucht werden.

Die Arbeit ist in fünf Abschnitte eingeteilt, von denen der erste zur Einführung in die Problematik den Staatsangehörigkeitsbegriff, die verfassungsrechtliche Entwicklung der deutschen Staatsangehörigkeit und Inhalt und Bedeutung dieses Rechtsinstituts des Grundgesetzes (A) behandelt. Der zweite Abschnitt soll auf die eigentliche Aufgabe der Arbeit hinführen; er behandelt deshalb die deutsche Staatsangehörigkeit im Streit um den Grundvertrag (B). Im dritten Abschnitt wird nach Darstellung des Urteils, insbesondere der für das Staatsangehörigkeitsrecht relevanten Teile, die Interpretationsproblematik untersucht (C), und im vierten Abschnitt wird - ausgehend von der Prämisse, daß die Urteilsausführungen als authentische Interpretation der für das Recht der deutschen Staatsangehörigkeit in Betracht kommenden Grundgesetzbestimmungen hinzunehmen sind - die Entscheidung des Bundesverfassungsgerichts zur Staatsangehörigkeitsfrage im Grundvertragsurteil untersucht (D). Es sollen mithin die vom Bundesverfassungsgericht erkannte Verfassungsinterpretation der das Staatsangehörigkeitsrecht mittelbar und unmittelbar betreffenden Grundgesetzbestimmungen und die verfassungsgerichtliche Interpretation des Grundvertrags ausgelegt werden, und es sollen im Rahmen dieser Auslegung die für das Staatsangehörigkeitsrecht bedeutsamen Begriffe und Urteilsausführungen einzeln untersucht werden. Schließlich wird im fünften Abschnitt (E) die Arbeit abgeschlossen mit einer Zusammenfassung der Ergebnisse.

# A. DIE DEUTSCHE STAATSANGEHÖRIGKEIT ALS RECHTSINSTITUT DES GRUNDGESETZES

Die Untersuchung des Rechtsinstituts der deutschen Staatsangehörigkeit geht von der Frage nach einer allgemeinen Begriffsdefinition aus. Diese Frage mag müßig erscheinen. Sie soll jedoch die Problematik aufzeigen, die mit diesem Rechtsinstitut verbunden ist und sich bereits im Staatsangehörigkeitsbegriff bei dessen näherer Betrachtung darstellen läßt. Sie beruht darauf, daß mit diesem Begriff ein komplexes Rechtsinstitut zu erfassen ist, und daß beide Begriffsteile, Angehöriger und Staat, sowohl für sich allein als auch in ihrer Verbindung miteinander Probleme ergeben.

Sodann wird die verfassungsrechtliche Entwicklung der Staatsangehörigkeit in Deutschland behandelt. Hierdurch sollen Wesen und Bedeutung der grundgesetzlichen Staatsangehörigkeitsregelung in ihrer Tragweite für die gegenwärtige Rechtslage deutlich gemacht werden.

## I. Der Begriff der deutschen Staatsangehörigkeit

Die Besonderheit des Begriffs der deutschen Staatsangehörigkeit soll auf der Grundlage einer allgemeinen Begriffsdefinition und nach Darstellung von Funktion und Bestand, die der Staatsangehörigkeit allgemein zukommen, behandelt werden.

### 1. Der Staatsangehörigkeitsbegriff allgemein

Die Frage nach einer allgemeingültigen Definition des Staatsangehörigkeitsbegriffs ist dahin beantwortet worden, eine Begriffsdefinition, durch die Wesen und Inhalt dieses Rechtsinstituts allgemeingültig beschrieben werde, sei nicht zu finden (1). Diese Antwort mag unbefriedigend sein. Sie beruht aber wohl darauf, daß das auf Dauer angelegte Zuordnungsverhältnis des Einzelnen zum Staat in seiner rechtlichen Ausprägung, in seinem Wesen und seiner Bedeutung als geschichtlich gewachsene Institution abhängig ist von der jeweiligen Staatsauffassung, von der jeweiligen Rechtsposition des Einzelnen im Staat und in seinem Verhältnis zum Staat und von der jeweiligen Staatsstruktur und Verfassung.

---

1 Vgl. hierzu Heinzel, in: Walter Fr. Schleser, Die deutsche Staatsangehörigkeit, S. 24

a) Die Bedeutung der Staatsauffassung und der Staatsstruktur für das Rechtsinstitut der Staatsangehörigkeit

(1) Was die Staatsauffassung, die daraus sich ergebende Staatsgestaltung und in diesem Zusammenhang die Rechtsposition des Einzelnen im Staat anlangt, braucht nicht auf eine weit zurückliegende Vergangenheit eingegangen zu werden, um die unterschiedlichen Auswirkungen zu erkennen. Die neuere Geschichte und die Gegenwart bieten zahlreiche Beispiele für unterschiedliche Staatsauffassungen und die daraus für den Einzelnen und seine Stellung im Staat sich ergebenden Konsequenzen. So sei hier nur darauf hingewiesen, daß es für die Gestaltung des Staatsangehörigkeitsrechts von großer Bedeutung ist, ob es sich z.B. um einen Staat handelt, der auf einer totalitären Staatsauffassung beruht, oder um einen solchen, dem die demokratischen Prinzipien zugrunde liegen. In einem Staat, der nach einer totalitären Staatsauffassung gestaltet ist, hat der Angehörige dem Staat gegenüber nur eine äußerst schwache Rechtsposition; er befindet sich in einem totalen Abhängigkeitsverhältnis; der Staat ist ihm gegenüber allmächtig. Dagegen ist in einem nach demokratischen Prinzipien gestalteten Staat die Rechtsposition des Staatsangehörigen wesentlich stärker, und zwar schon deshalb, weil ein solcher Staat konstitutiv von seinen Angehörigen gestaltet wird, und weil diesen auch die Kontrolle über die staatlichen Maßnahmen zusteht.

(2) Unter Staatsstruktur ist die verfassungsrechtliche Gliederung des staatlichen Gemeinwesens und sein Aufbau zu verstehen, hierbei insbesondere im Hinblick auf die Staatsangehörigkeit, ob es sich um einen einheitlich organisierten Zentralstaat oder um einen Bundesstaat handelt. Es erhellt ohne weiteres, daß das Zuordnungsverhältnis des Staatsbürgers zum Zentralstaat anders ist als das eines Bürgers zu einem bundesstaatlich gegliederten Staatswesen, soweit bei letzterem eine besondere Gliedstaatsangehörigkeit verfassungsrechtlich ausgebildet ist. Im letzteren Fall sind verschiedene Gestaltungen des Zuordnungsverhältnisses möglich, nämlich entweder eine Zuordnung zum Gesamtstaat durch unmittelbare Rechtsbeziehung oder nur ein mittelbares Zuordnungsverhältnis zum Gesamtstaat, das über den jeweiligen Gliedstaat hergestellt oder vermittelt wird. Bei bundesstaatlicher Gliederung ist auch eine Gestaltung des staatsangehörigkeitsrechtlichen Zuordnungsverhältnisses zum Gesamtstaat möglich, wonach sowohl mittelbare als auch unmittelbare Rechtsbeziehungen bestehen.

(3) Da die Staatsauffassung und die Staatsstruktur nicht überall und nicht zu allen Zeiten die gleichen sind, ist auch das Rechtsinstitut der Staatsangehörigkeit Wandlungen unterworfen. Die enge Wechselbeziehung, die zwischen dem staatlichen Gemeinwesen, seiner Gestaltung und Struktur einerseits und dem Angehörigen des Staates andererseits besteht, schlägt sich nieder in der Gestaltung des Rechtsinstituts der Staatsangehörigkeit. So wie sich die Auffassung über Wesen und Aufgaben des Staates ändert und zu entsprechenden staatsrechtlichen und verfassungsrechtlichen Veränderungen führt, so ändert sich auch die Auffassung über Wesen, Inhalt und Bedeutung der

Staatsangehörigkeit und führt zu entsprechenden Veränderungen dieses Rechtsinstituts.

(4) Stellt man auf die im Begriff enthaltenen Teile "Staat" und "Angehörigkeit" ab, so ergibt sich aus dieser Verbindung beider Teile, daß ein Zuordnungsverhältnis bezeichnet wird. Bezugsobjekt desselben ist der Staat, und Subjekt dieser Zugehörigkeitsbeziehung ist der Angehörige. Die danach sich aufdrängende These, daß die Staatsangehörigkeit den Staat voraussetzt, ist zutreffend, soweit sie die moderne Staatenwelt betrifft. Diese These "trägt die moderne Staatsangehörigkeitslehre in doppelter Hinsicht, nämlich insoweit (sie) davon ausgeht, daß ein Staatsgebilde vorhanden ist, auf das sich die Angehörigkeit beziehen kann und soweit (sie) ausdrückt, daß der Staat die Bedingungen der Angehörigkeit an sich selbst festlegt" (2).

b) Das Zuordnungsverhältnis der Staatsangehörigkeit

(1) Die Aufgabe der Zuordnung jedes Menschen zu einem Staat wird vom Völkerrecht jedem einzelnen Staat überlassen. Mit Hilfe des Rechtsinstituts der Staatsangehörigkeit wird diese Aufgabe bewältigt (3). Das Völkerrecht begrenzt aber auch diese Zuordnung (4).

(2) Lorenz v. Stein hat in der modernen Wissenschaftssprache den Begriff der "Angehörigkeit" vor allem benutzt, worauf Grawert hinweist (5), um ein "auf Dauer angelegtes Zuordnungsverhältnis" zu bezeichnen. Angehörigkeit bedeutet mehr als Mitgliedschaft in einem Personalverband. In dem Begriff der Angehörigkeit liegen Elemente der stärksten Bindung, wie sie sich aus der Herkunft dieser Bezeichnung aus dem familiären Bereich ergeben, wie sie aber dem Begriff der Mitgliedschaft nicht innewohnen. Diese stärkste Bindung wirkt sich aus auf Rechte und Pflichten, und sie bewirkt die Dauerhaftigkeit der Zuordnung.

(3) So kann - mit Heinzel - verallgemeinernd die Staatsangehörigkeit "als die rechtliche Zugehörigkeit einer (natürlichen oder juristischen) Person zu einem bestimmten Staat (Staatsvolk) bezeichnet und als Recntsstellung

---

2 Grawert, Staat und Staatsangehörigkeit, S. 21, 192

3 Krüger, Das Staatsangehörigkeitsrecht in Deutschland (Bundesrepublik und DDR), Vorwort S. 5

4 Vgl. hierzu BVerfGE 1, 322, (329): In dieser Entscheidung ist abgestellt auf die Begrenzung des staatlichen Ermessens "durch das allgemeine Völkerrecht", wonach "jeder Staat seine Staatsangehörigkeit nur an Personen verleihen" darf, "die zu ihm in einer näheren tatsächlichen Beziehung stehen".

5 Vgl. hierzu Grawert, a.a.O., S. 20, und die von Grawert unter Anm. 2 angegebenen Literaturhinweise

oder als Rechtsverhältnis angesehen werden" (6); es muß jedoch hinzugefügt werden, daß es sich bei dieser rechtlichen Zugehörigkeit um eine umfassende, einzigartige und auf Dauer angelegte Angehörigkeitsbeziehung handelt (7).

## 2. Die Funktion der Staatsangehörigkeit

Mit dem Begriff der Funktion sollen die Aufgaben erfaßt werden, die das Wesen der Staatsangehörigkeit ausmachen und diesem Rechtsinstitut seinen Inhalt und seine Bedeutung geben. Man kann zwei Funktionsbereiche unterscheiden, nämlich den innerstaatlichen Funktionsbereich und den Bereich der nach außen gerichteten Funktion der Staatsangehörigkeit.

Auch wenn alle Menschen auf der Erde nur einem Staat angehören würden, der als Weltstaat zu bezeichnen wäre und dessen Territorium die ganze Erde umfassen würde, müßte die Angehörigkeit zu diesem Staat geordnet werden. Diese Ordnung im weitesten Sinne würde aber nur den innerstaatlichen Bereich betreffen. Einer darüber hinausgehenden Regelung würde es nicht bedürfen. Vielleicht wird ein Weltstaat in ferner Zukunft einmal Wirklichkeit. In der Gegenwart und in einer überschaubaren Zukunft wird jedenfalls eine Vielzahl von staatlichen Gemeinschaften auf der Erde bestehen. Daraus ergibt sich die Notwendigkeit, durch das Rechtsinstitut der Staatsangehörigkeit auch die nach außen, im Verhältnis zu anderen Staaten, ausgerichtete Funktion zu regeln.

Beide Funktionsbereiche, der innerstaatliche und der nach außen gerichtete, lassen sich unterteilen, und zwar je nach Art und Inhalt der mit der Staatsangehörigkeit verbundenen und diesem Rechtsinstitut wesensgemäß innewohnenden Aufgaben.

### a) Der innerstaatliche Funktionsbereich

Zu diesem Bereich gehören die mit der Staatsangehörigkeit unmittelbar und mittelbar verbundenen Aufgaben, die sich auf das Verhältnis des Angehörigen zu seinem Staat beziehen und die ihre Wirkung nach innen entfalten. Sie haben einen Ordnungseffekt, der die durch die Staatsangehörigkeit geregelte Zuordnung des Einzelnen zum Staat betrifft, und einen Wirkungseffekt, der sich auf die durch die Staatsangehörigkeit geschaffene Stellung des Einzelnen im Staat bezieht. Beide Effekte stehen miteinander in wechselseitiger Verbindung.

Die Funktion der Staatsangehörigkeit kann im innerstaatlichen Bereich wie folgt gesehen werden:

---

6 Vgl. hierzu Heinzel, a.a.O., S. 24

7 Vgl. hierzu Grawert, a.a.O., S. 20

(1) Als Funktion der Zuordnung des Einzelnen zum Staat und damit der Herbeiführung eines Angehörigkeitsverhältnisses - Zuordnungsfunktion.

Inhalt, Wesen und Bedeutung dieses Verhältnisses sind abhängig von Staatsauffassung, Staatsstruktur und Verfassung (8). Es handelt sich bei dieser Zuordnung in einem z.B. nach demokratischen Prinzipien gestalteten staatlichen Gemeinwesen nicht nur um die Regelung einer mitgliedschaftlichen Verbindung zum Staat; die durch die Zuordnungsfunktion bewirkte Angehörigkeit hat nicht nur formale Bedeutung. Der funktionale Wirkungseffekt der Zuordnung ist die Herbeiführung eines auf Dauer angelegten Angehörigkeitsverhältnisses, durch das eine unmittelbare und enge Bindung des Angehörigen an den Staat bewirkt wird, die wechselseitig ist. Bedeutsame Kriterien für diese enge Bindung sind hierbei die Elemente der Treue, des Gehorsams und des Schutzes (9). Sie bilden die eigentliche Substanz der Angehörigkeit und entfalten ihre stärkste Wirkung in außergewöhnlichen Lagen des Staates oder des Staatsangehörigen. So kann der Staat im Krieg von seinem Angehörigen den Einsatz seines Lebens fordern. Der Staatsangehörige ist zu diesem Einsatz verpflichtet. Das ergibt sich aus dem Treueverhältnis und der Gehorsamspflicht. Auf dem Treueverhältnis beruht auch die Schutzpflicht, die dem Staat seinem Angehörigen gegenüber obliegt.

(2) Als Funktion der Verleihung einer bestimmten Rechtsposition an den Staatsangehörigen - Statusfunktion.

Auch in dieser Hinsicht ist die Abhängigkeit von Staatsauffassung, Staatsstruktur und Verfassung zu beachten. Die durch die Staatsangehörigkeit verliehene Rechtsposition beruht auf dem Angehörigkeitsverhältnis und erwächst unmittelbar aus ihm. In einem z.B. nach demokratischen und rechtsstaatlichen Prinzipien verfassungsrechtlich gestalteten Staat ist diese Rechtsposition zugunsten des einzelnen Staatsangehörigen umfassend geregelt. Mit ihr sind auch verbunden und in verfassungsrechtlicher enger Beziehung die staatsbürgerlichen Rechte und Pflichten. Sie machen den Staatsangehörigen zum Staatsbürger. Die staatsbürgerlichen Rechte und Pflichten bilden "zugleich konstituierende Grundlagen des gesamten Gemeinwesens" (10).

(3) Als Funktion der Anknüpfung von sonstigen Rechten - Anknüpfungsfunktion.

---

8 siehe oben S. 5

9 Vgl. Krüger a.a.O., siehe oben S. 6 Anm. 3; vgl. auch Grawert a.a.O., S. 102 ff, der den Zusammenhang von Treue, Gehorsam und Schutz mit der Angehörigkeitsbeziehung zum Staat sowie die geschichtliche Entwicklung und die Bedeutung dieser generellen und traditionellen Topoi umfassend darstellt.

10 BVerfGE 37, 239

Die Staatsangehörigkeit hat in dieser Funktion nur die Bedeutung eines Anknüpfungspunktes für Rechte und Pflichten; sie wirkt sich also insoweit nur mittelbar aus, und zwar auf den Rechtsgebieten, auf denen der Staat Rechtsfolgen in Verbindung gebracht oder abhängig gemacht hat vom Besitz oder Nichtbesitz der Staatsangehörigkeit. In diesen Zusammenhang gehört auch das Internationale Privatrecht, soweit es auf dem Staatsangehörigkeitsprinzip beruht. Die staatsbürgerlichen Rechte und Pflichten dagegen, die zwar auch an die Staatsangehörigkeit anknüpfen, sind jedoch im Zusammenhang mit der Statusfunktion (2) zu sehen wegen der Unmittelbarkeit ihrer Verbindung mit der durch die Staatsangehörigkeit verliehenen Rechtsposition.

Die rechtlichen Regelungen, die den innerstaatlichen Funktionsbereich - Zuordnungsfunktion, Statusfunktion und Anknüpfungsfunktion - betreffen, sind Angelegenheiten des Staatsrechts und des Verfassungsrechts.

b) Der nach außen gerichtete Funktionsbereich

Die Staatsangehörigkeit hat auch eine Wirkung nach außen, im Verhältnis der Staaten zueinander. Die Funktion der Staatsangehörigkeit läßt sich insoweit wie folgt untergliedern:

(1) Als Funktion der personalen Abgrenzung der Staaten voneinander - Abgrenzungsfunktion.

Durch die Staatsangehörigkeit wird der Einzelne einem bestimmten Staat zugeordnet, und durch diese Zuordnung wird das jeweilige Staatsvolk konstituiert. Die Staatsangehörigkeit bewirkt mithin durch die personale Zuordnung zum Staat und die damit verbundene Schaffung des Staatsvolks zugleich nach außen die personale Abgrenzung des Staates gegenüber anderen Staaten.

(2) Als Funktion für die Gewährung diplomatischen Schutzes - Schutzfunktion.

Die Staatsangehörigkeit ist Anknüpfungspunkt für den dem Staatsangehörigen vom Staat im Ausland zu gewährenden diplomatischen Schutz. Die Gewährung dieses Schutzes betrifft die Außenwirkung der Staatsangehörigkeit. Sie beruht auf der Wechselseitigkeit des Treueverhältnisses. Die Einordnung der Schutzpflicht zugleich auch in die für den innerstaatlichen Bereich dargestellte Zuordnungsfunktion (11) beruht darauf, daß der Staat nicht nur nach außen sondern auch im Innern zu Schutz und Fürsorge verpflichtet ist, und daß in diesem Bereich die Schutzpflicht zum Kernbestand der durch die Zuordnung herbeigeführten Angehörigkeit gehört. Im Außenbereich handelt es sich dagegen um eine besondere Verpflichtung, die auch das Verhältnis der Staaten zueinander betrifft.

---

11 siehe oben S. 8

Die den nach außen gerichteten Funktionsbereich betreffenden Regelungen und Auswirkungen - Abgrenzungsfunktion und Schutzfunktion - gehören zum Völkerrecht, in das "die Staatsangehörigkeit als Souveränitätsfaktor" eingeht (12). Zwar regelt das Staats- und Verfassungsrecht auch insoweit die Staatsangehörigkeit; das Völkerrecht überläßt die diesbezügliche Regelungskompetenz dem Staat. Die nach außen gerichtete Wirkung dieser bezüglich der Staatsangehörigkeit geschaffenen Regeln im Hinblick auf die Abgrenzungsfunktion und die Schutzfunktion betrifft jedoch das Völkerrecht.

## 3. Der Bestand der Staatsangehörigkeit

Die Frage nach dem Bestand der Staatsangehörigkeit ist die Frage nach der Dauer der Angehörigkeitsbeziehung des Einzelnen zum Staat und nach der Dauer einer auf einen bestimmten Staat bezogenen Angehörigkeit.

(1) Die Dauer der Angehörigkeitsbeziehung des Einzelnen zum Staat hängt davon ab, wie die Beendigung des Staatsangehörigkeitsverhältnisses vom Staat geregelt ist. Insoweit kommt es auf die Regelung des Verlustes der Staatsangehörigkeit, der Ausbürgerung oder der Aberkennung der Staatsangehörigkeit an. Da die Staatsangehörigkeit eine auf Dauer angelegte Angehörigkeitsbeziehung herstellt, handelt es sich bei staatlichen Maßnahmen und Regelungen, durch die diese Angehörigkeitsbeziehung beendet wird, mehr oder weniger um Ausnahmen. Je nach der Staatsauffassung und Verfassung wird der Bestand der Staatsangehörigkeit im Sinne der Unauflöslichkeit des Angehörigkeitsverhältnisses geschützt, oder es wird die Beendigung dieses Verhältnisses durch Regelung des Verlustes, durch Ausbürgerung oder Aberkennung erleichtert.

(2) Als Zuordnungsverhältnis zu einem bestimmten Staat hängen Dauer und Bestand der Staatsangehörigkeit von der Existenz dieses Staates ab. Mit dem Untergang eines Staates muß auch zwangsläufig das auf diesen Staat bezogene Angehörigkeitsverhältnis enden, und zwar unabhängig davon, ob die Unauflöslichkeit verfassungsrechtlich gewährleistet war oder nicht.

(3) Mit der Abhängigkeit des Bestandes der Staatsangehörigkeit von dem Bestand, der Existenz des Staates, tritt bei Prüfung der Frage nach dem Bestand des Staates die mit dem Untergang eines Staates, der Auflösung oder Vernichtung eines staatlichen Gemeinwesens verbundene Problematik in den Vordergrund. Von der Lösung dieser Problematik hängt die Antwort auf die Frage ab, ob die Staatsangehörigkeit untergegangen ist oder noch Bestand hat.

(4) Werden und Vergehen von Staaten sind von vielen Faktoren abhängig. Entscheidend sind davon zwei: Das Verhalten des Staatsvolkes und die Ent-

---

12 Grawert, a.a.O., S. 248

scheidungen und Maßnahmen der Völkerrechtsgemeinschaft. Soweit es sich um das Staatsvolk handelt, kommt auch in diesem Zusammenhang der Staatsangehörigkeit große Bedeutung zu; denn durch die Zuordnungsfunktion wird das Staatsvolk bestimmt, und der Wirkungseffekt der Staatsangehörigkeit beeinflußt über das Staatsvolk die für Erhaltung, Fortbestand oder Untergang des Staates maßgeblichen Entscheidungen, und zwar sowohl die der staatlichen Organe als auch die der Völkerrechtsgemeinschaft.

## 4. Die Besonderheit des Begriffs der deutschen Staatsangehörigkeit

Da die Staatsangehörigkeit den Staat voraussetzt, wirkt sich die Besonderheit der Rechtslage Deutschlands nach 1945 auf die auf diesen Staat bezogene Staatsangehörigkeit aus.

(1) Die Besonderheit des Begriffs der deutschen Staatsangehörigkeit beruht auf der Besonderheit der Rechtslage des Staates, der als Bezugsobjekt für diese Angehörigkeitsbeziehung in Betracht kommt. Daraus ergibt sich, daß bereits die Bezeichnung der Staatsangehörigkeit als deutsche das Problem aufwirft, welche Angehörigkeitsbeziehung damit gemeint ist. Die aus der Rechtslage Deutschlands sich ergebende gesamte Problematik, die später untersucht wird, soll bei der Begriffserklärung zunächst unberücksichtigt bleiben. Hier wird davon ausgegangen, daß mit dem Eigenschaftswort deutsch die Staatsangehörigkeit bezeichnet wird, die sich auf den Staat Deutsches Reich oder Deutschland bezieht.

(2) Das Reichs- und Staatsangehörigkeitsgesetz vom 22. Juli 1913 (RuStAG) (13) bildet noch heute in der Bundesrepublik Deutschland, "wenn auch mit zahlreichen Änderungen und Ergänzungen, die wesentliche Grundlage des Staatsangehörigkeitsrechts" (14). Der in diesem Gesetz ursprünglich enthaltene Begriff der Reichsangehörigkeit ist ersetzt worden durch den Begriff der deutschen Staatsangehörigkeit aufgrund der Bestimmung des § 1 Abs. 2 der Verordnung über die deutsche Staatsangehörigkeit vom 5. Februar 1934 (15). Der Begriff der deutschen Staatsangehörigkeit ist in das Grundgesetz der Bundesrepublik Deutschland vom 23. Mai 1949 (16) übernommen worden. Dabei ist dieser Begriff nicht neu definiert worden. Aus der Fortgeltung des Reichs- und Staatsangehörigkeitsgesetzes und aus der ohne Neudefinition erfolgten Übernahme des Begriffs der deutschen Staatsangehörigkeit in das Grundgesetz kann abgeleitet werden, daß auch weiterhin mit diesem Begriff nach der verfassungsrechtlichen Grundauffassung der Bundesrepublik Deutschland das Bezugsverhältnis zum Staat Deutsches Reich oder Deutschland gemeint ist.

---

13 RGBl. 1913, S. 583

14 BVerfGE 37, 217, (219)

15 RGBl. I 1934 S. 75

16 BGBl. 1949 S. 1

(3) Auch in die Verfassung der DDR vom 7. Oktober 1949 (17) ist der Begriff der deutschen Staatsangehörigkeit übernommen worden. Die Bestimmung des Art. 1 Abs. 4 dieser ersten DDR-Verfassung lautete: "Es gibt nur eine deutsche Staatsangehörigkeit". Diese Bestimmung hatte einen "einheitlichen gesamtdeutschen Staat im Auge, in dem es keine Landesstaatsangehörigkeiten geben sollte" (18). Auch das Reichs- und Staatsangehörigkeitsgesetz war in der DDR weiter gültig geblieben, und zwar bis zum Inkrafttreten des Staatsbürgerschaftsgesetzes der DDR vom 22. Februar 1967 (19). Allerdings hatte - seit dem Jahre 1951 - (19a) der "Begriff des deutschen Staatsangehörigen innerhalb der DDR den gleichen Sinn" erhalten wie der des DDR-Staatsbürgers (20).

(4) Die aus diesem Zusammenhang und aus der Besonderheit des Begriffs der deutschen Staatsangehörigkeit sich ergebende Problematik berührt die Funktion und den Bestand der deutschen Staatsangehörigkeit und betrifft die staatsrechtliche und verfassungsrechtliche Lage des Deutschen Reichs oder Deutschlands. Dem Thema dieser Arbeit entsprechend, stehen die das Verfassungsrecht betreffenden Probleme, die durch das Grundvertragsurteil eine verfassungsgerichtliche Lösung gefunden haben, im Mittelpunkt.

---

17 GBl. DDR 1949 S. 4

18 Autorenkollektiv Assmann u.a., Staatsrecht der DDR, S. 156; an dieser Stelle heißt es auch, der in Bezug genommenen Verfassungsbestimmung sei "die besondere Funktion zugedacht, die einheitliche Staatsbürgerschaft als logische Folge der unteilbaren demokratischen Republik (Art. 1 Abs. 1) festzustellen und damit zugleich jede Landesstaatsbürgerschaft zu verbieten".

19 GBl. DDR 1967 I S. 3

19a Scheuner, Das Problem der Nation und des Verhältnisses zur Bundesrepublik Deutschland, in: Drei Jahrzehnte Außenpolitik der DDR, S. 85 (91)

20 Autorenkollektiv Assmann u.a., a.a.O., S. 157; mit der Fortgeltung des RuStAG in der DDR bis zum Inkrafttreten des Staatsbürgerschaftsgesetzes ist nicht die gleiche Auslegung verbunden, die der Begriff der deutschen Staatsangehörigkeit in der Bundesrepublik erhalten hat. Der Begriff wurde umgedeutet und erhielt "den gleichen Sinn wie der des DDR-Staatsbürgers". Auch die weitergeltenden Bestimmungen über Erwerb und Verlust der Staatsangehörigkeit "wurden entsprechend den politischen und rechtlichen Grundsätzen der Arbeiter- und Bauernmacht angewandt und als deren rechtliche Instrumente genutzt". Diese Umdeutung zeigt, daß trotz des gleichen Wortlauts des übernommenen Begriffs eine gleiche Auffassung hinsichtlich des Begriffs-Inhalts nicht bestehengeblieben ist.

Die Probleme betreffen aber auch das Völkerrecht und werden deshalb mit behandelt, soweit die Kollision mit dem Verfassungsrecht dies erfordert.

## II. Die verfassungsrechtliche Entwicklung der deutschen Staatsangehörigkeit

Mit Entstehung und Existenz des Deutschen Reiches ist das Rechtsinstitut der deutschen Staatsangehörigkeit verbunden, was sich aus dem Zuordnungsverhältnis ergibt, das zum maßgeblichen Regelungsinhalt des Staatsangehörigkeitsrechts gehört. Probleme und Fragen der Entstehung dieses Staates, seiner Entwicklung und seines Bestandes berühren deshalb das Recht der deutschen Staatsangehörigkeit. Das gilt vor allem für die verfassungsrechtliche Ausbildung und Einbindung dieses Rechtsinstituts im Rahmen der verfassungsrechtlichen Entwicklung des Deutschen Reiches. Ein kurzer geschichtlicher Rückblick soll dies verdeutlichen.

### 1. Von der Reichsverfassung 1871 bis zum Zusammenbruch des Deutschen Reiches 1945

#### a) Vorbemerkung

Wenn man bei dem geschichtlichen Rückblick von der Reichsverfassung vom 16. April 1871 ausgeht, dann soll dabei nicht übersehen werden, daß sich die Ausbildung des Rechts der deutschen Staatsangehörigkeit und seine Einbindung in das Verfassungsrecht bei den Bundesstaaten, den Gliedstaaten des Bundes, schon seit dem Beginn des 19. Jahrhunderts entwickelt hat. So ist in die Verfassungen der deutschen Bundesstaaten, die in der ersten Hälfte des 19. Jahrhunderts vereinbart oder erlassen worden sind, das Staatsangehörigkeitsrecht aufgenommen worden, womit die Angehörigkeit an den Staat den Charakter einer Verfassungsinstitution erhalten hat (21). Durch die Verfassung des Norddeutschen Bundes vom 16. April 1867 (22) ist erstmals "eine bundeseinheitliche, als national empfundene Angehörigkeit über den Einzelstaatsangehörigkeiten anerkannt" worden (23).

---

21 Vgl. Grawert, a.a.O., S. 172 und 173, hierbei insbes. die in Anm. 37 aufgeführten Verfassungsbestimmungen der deutschen Bundesstaaten, die in der ersten Hälfte des 19. Jahrhunderts vereinbart oder erlassen worden sind.

22 Norddt. BGBl. 1867, S. 2 = Huber, Dokumente II S. 227

23 Vgl. Grawert, a.a.O., S. 199

Man ging jedoch davon aus, daß die Eigenschaft eines Bundesangehörigen durch die Staatsangehörigkeit in einem Gliedstaat des Bundes vermittelt worden ist.

Wenn damit auch die Bundesangehörigkeit nicht als eine unmittelbare Angehörigkeit kraft besonderen Rechts des Bundes erworben werden konnte sondern nur über die Staatsangehörigkeit in einem Bundesstaat, Gliedstaat, so sind doch durch die über diese Staatsangehörigkeit hinausgehende Bundesangehörigkeit unmittelbare Rechtsbeziehungen zum Bunde geschaffen worden.

b) Die Staatsangehörigkeitsregelung in der Reichsverfassung 1871

Aus der Vereinigung der Süddeutschen Staaten mit dem Norddeutschen Bund ist das Deutsche Reich hervorgegangen und hat seine Verfassung auf den grundlegenden Bestimmungen der Verfassung des Norddeutschen Bundes aufgebaut (24). Bereits in Art. 79 Abs. 2 der Norddeutschen Bundesverfassung war "der Eintritt der Süddeutschen Staaten oder eines derselben in den Bund" vorgesehen (25). Zur Durchführung dieser Erweiterung wurden im November 1870 die sogen. Versailler Verträge abgeschlossen und in ihnen eine "Verfassung des Deutschen Bundes" vereinbart, der die sämtlichen süd- und norddeutschen Staaten umschließen sollte (26). Diese Bundesverfassung, die am 1. Januar 1871 in Kraft trat, ist in die Redaktion der Reichsverfassung übergegangen. Auf Vorschlag des Königs von Bayern hatten sich vorher schon die Regierungen der deutschen Staaten dahin geeinigt, daß der Deutsche Bund den Namen "Deutsches Reich" erhalten solle (27).

Die Verfassungsurkunde für das Deutsche Reich, die zur einheitlichen Redaktion der in den Versailler Verträgen vereinbarten Verfassungsbestimmungen geschaffen worden ist, wurde von dem ersten Deutschen Reichstag genehmigt und nebst dem Einführungsgesetz vom 16. April 1871 im Bundesgesetzblatt verkündet (28).

Diese Verfassung hat in Art. 3 für ganz Deutschland ein gemeinsames "Indigenat" normiert. Dieses Rechtsinstitut hat hinsichtlich der in der angezogenen Bestimmung im einzelnen aufgeführten Rechte bewirkt, daß Angehörige jedes zum Deutschen Reich gehörenden Bundesstaates als Inländer

---

24 Vergl. Proebst, Die Verfassung des Deutschen Reichs vom 16. April 1871, Anm. 2 zur Präambel in Verb. mit Einleitung S. 1

25 Proebst, wie oben

26 Proebst, wie oben, Einleitung S. 2

27 Proebst, wie oben

28 BGBl. 1871 S. 63

diese Rechtsposition wie der Einheimische erhielten. Gleichzeitig ist durch Art. 4 Ziff. 1 der Reichsverfassung auch dem Reiche die gesetzliche Regelung des Staatsbürgerrechts übertragen worden (29).

c) Die Regelung der deutschen Staatsangehörigkeit in dem Zeitraum von 1870/71 bis 1945

Die gesetzliche Regelung fand das Staatsangehörigkeitsrecht in dem Gesetz über den Erwerb und den Verlust der Bundes- und Staatsangehörigkeit vom 1. Juni 1870 (30), das in dem Reichs- und Staatsangehörigkeitsgesetz vom 22. Juli 1913 neu gefaßt worden ist. Das in § 1 dieses Gesetzes festgelegte Grundprinzip lautet, daß Deutscher ist, wer die Staatsangehörigkeit in einem Bundesstaat oder die unmittelbare Reichsangehörigkeit besitzt. Dieser Grundsatz ergab sich daraus, daß das Deutsche Reich von den Einzelstaaten begründet und als Bund gestaltet worden ist. Wenn auch nach diesem Grundsatz die deutsche Staatsangehörigkeit durch die Staatsangehörigkeit in einem Bundesstaat vermittelt worden ist, so sind doch auch für den deutschen Staatsangehörigen - den "Deutschen" im Sinne dieser Bestimmung - unmittelbare Rechtsbeziehungen zum Deutschen Reich geschaffen worden.

Nach der 1918/19 erfolgten Umwandlung der staatlichen Struktur des Deutschen Reiches in eine Republik erhielt das Deutsche Reich die Verfassung vom 11. August 1919 (31). Nach Art. 110 dieser Reichsverfassung (Weimarer Reichsverfassung) wurde festgelegt, daß die Staatsangehörigkeit im Reich und in den Ländern nach den Bestimmungen eines Reichsgesetzes erworben und verloren wird. Da ein solches die Reichsverfassung ergänzendes Gesetz nicht erlassen worden ist, galt das Reichs- und Staatsangehörigkeitsgesetz vom 22. Juli 1913 weiter.

1933 erfolgte eine weitere Strukturwandlung des Deutschen Reiches, die ihren gesetzlichen Niederschlag in dem Gesetz über den Neuaufbau des Reiches vom 30. Januar 1934 (32) gefunden hat. Auf der Grundlage dieses Gesetzes erging die Verordnung über die deutsche Staatsangehörigkeit vom

---

29 Die Entwicklung "Vom Bundesindigenat zur Reichs- und Staatsangehörigkeit" hat Grawert a.a.O., S. 193 ff eingehend behandelt. Bemerkenswert für Funktion und Bedeutung der deutschen Staatsangehörigkeit ist die einleitende Ausführung Grawerts hierzu: "Die staatliche Einheit der Nation wird nicht in den Einzelstaaten sondern in ihrem Zusammenschluß erstrebt und hergestellt. In diese Entwicklung ist die deutsche Staatsangehörigkeit eingebettet. Sie ist zugleich ein Faktor der Staatswerdung im Bund und Reich."

30 BGBl. 1870 S. 355 = Huber, Dokumente II, S. 249

31 RGBl. 1919 S. 1383 ff

32 RGBl. I 1934 S. 75

5. Februar 1934 (33), durch die der im Reichs- und Staatsangehörigkeitsgesetz enthaltene Grundsatz, wonach die deutsche Staatsangehörigkeit durch die Staatsangehörigkeit in den Bundesstaaten vermittelt wird, aufgehoben worden ist, indem in § 1 der Verordnung festgelegt wurde, daß die Staatsangehörigkeit in den deutschen Ländern fortfällt, und daß es "nur noch eine deutsche Staatsangehörigkeit (Reichsangehörigkeit)" gibt. Diese Neuregelung war die Konsequenz aus der Strukturwandlung des Reiches, dessen Ländern die Eigenstaatlichkeit genommen wurde.

## 2. Von 1945 bis zum Grundgesetz 1949

### a) Vorbemerkung

Der Zeitraum von 1945 bis 1949 stellt nur eine kurze Zwischenphase dar. Sie beginnt mit der bedingungslosen Kapitulation der deutschen Wehrmacht und der vollständigen Besetzung Deutschlands im Mai 1945 und endet mit der Errichtung der Bundesrepublik Deutschland und der Deutschen Demokratischen Republik im Jahre 1949. Damit ist eine neue Ausgangslage für die weitere staats- und verfassungsrechtliche Entwicklung nach 1949 entstanden. Trotz ihrer Kürze kann die Zwischenphase nicht außer acht gelassen werden; denn die in diesem Zeitraum von den Besatzungsmächten getroffenen Maßnahmen und Entscheidungen sowie die von der deutschen Bevölkerung und deutschen Behörden geschaffenen Regelungen sind für die Entwicklung und Gestaltung der Rechtslage und der Rechtsverhältnisse Deutschlands sehr bedeutsam und auch für die Zeit nach 1949 fortwirkend geworden.

### b) Untergang oder Fortbestand des Deutschen Reiches in der Zwischenphase?

Die Antwort auf diese Frage ist für das Staatsangehörigkeitsrecht von grundsätzlicher Bedeutung, weil - wie oben dargetan (34) - davon auszugehen ist, daß die deutsche Staatsangehörigkeit den Staat Deutsches Reich voraussetzt. Beim Untergang dieses Staates wäre somit auch die Voraussetzung für den Fortbestand der deutschen Staatsangehörigkeit entfallen. Die Frage nach Fortbestand oder Untergang des Deutschen Reiches wird nur wegen dieses engen Zusammenhanges mit dem Staatsangehörigkeitsrecht behandelt. Die Untersuchung erstreckt sich deshalb nicht auf alle staatsrechtlichen und völkerrechtlichen Aspekte der mit der Fragestellung verbundenen Problematik und auch nicht auf das gesamte und sehr umfangreiche Schrifttum. Sie erfolgt nur, um durch die Beantwortung Klarheit für die Behandlung

---

33 siehe oben S. 11

34 siehe oben S. 10

des Staatsangehörigkeitsrechts zu gewinnen. Die Eingrenzung der Untersuchung auf den Zeitraum von 1945 bis 1949 erscheint geboten, weil sich nach Gründung der Bundesrepublik Deutschland und der Deutschen Demokratischen Republik in staatsrechtlicher, verfassungsrechtlicher und völkerrechtlicher Hinsicht eine neue Lage ergeben hat auch für die Beantwortung der Frage nach Untergang oder Fortbestand des Deutschen Reiches und damit auch nach Funktion und Fortbestand der deutschen Staatsangehörigkeit.

aa) Die Untergangstheorie

(1) Unmittelbar nach Kriegsende wurde die These vom Untergang des Deutschen Reiches als Völkerrechtssubjekt, die Kelsen begründet hatte (35), von einer Reihe ausländischer und deutscher Staatsrechtslehrer übernommen (36). Diese These wurde im wesentlichen damit begründet, daß die "bedingungslose Kapitulation" vom 8. Mai 1945 "keine Waffenstreckung im herkömmlichen Sinne des Art. 35 HLKO (37), sondern eine Kapitulation des ganzen deutschen Volkes und seines Staates (38) gewesen sei, daß das Deutsche Reich durch Debellation und totale Okkupation untergegangen sei, und daß der Untergang des Deutschen Reiches durch die am 23. Mai 1945 erfolgte Absetzung der Regierung Dönitz auch noch faktisch vollzogen worden sei.

(2) Gegen diese Auffassung ist eingewandt worden, "daß sie auf Irrtümern und Fehlern" beruhe (39). Soweit die These vom Untergang des Deutschen Reiches mit der "bedingungslosen Kapitulation" begründet worden ist, wurde ihr entgegengehalten, "nicht die Regierung Dönitz sondern das Oberkommando der Wehrmacht" habe "kapituliert" (40). Es habe sich also um einen militärischen Vorgang gehandelt, "der die Einstellung des militärischen Kampfes nach den erlittenen Niederlagen auf Grund einer bindenden Erklärung des zuständigen Wehrmachtsbefehlshabers zur Folge hatte" (41).

---

35 Vgl. Stoll, Die Rechtsstellung der deutschen Staatsangehörigen in den polnisch verwalteten Gebieten, S. 231, sowie Faust, Das Potsdamer Abkommen, S. 83

36 Stoll, wie oben, mit Hinweis auf: Abendroth, Pollack, v. Dassel und auf weitere Nachweise bei Stödter, S. 52 f

37 RGBl. 1910 S. 107 ff

38 Stoll, wie oben, S. 231

39 Vgl. Faust, a.a.O., S. 85

40 Faust, wie oben, unter Hinweis auf Stödter, Deutschlands Rechtslage S. 31

41 Faust, wie oben; vgl. auch Berber, Lehrbuch des Völkerrechts, II. Band, Kriegsrecht, S. 129

(3) Der Auffassung von der "Debellation" als Begründung für den Untergang des Deutschen Reiches, das danach durch die völlige Zerstörung seines Machtapparates vernichtet worden sei (42), ist entgegengehalten worden, daß "die militärische Niederringung allein ... den Untergang des Deutschen Staates nicht herbeigeführt haben" könne, "da sie ein rein faktischer Vorgang ist, an den sich nicht automatisch eine derartige Folge anknüpft" (43). Zur Vollendung der Debellation fehlte die Aneignungsabsicht der Siegermächte (44).

Die Untergangstheorie hat sich nicht durchgesetzt.

bb) Die Fortbestandstheorie

(1) Die Völkerrechtswissenschaft kam - wenn auch mit unterschiedlicher Begründung - zu dem fast einhelligen Ergebnis, daß das Deutsche Reich als Völkerrechtssubjekt nicht untergegangen sei. "Die wissenschaftliche Meinung des In- und Auslandes" nahm "nahezu einstimmig den Standpunkt" ein: "Der deutsche Staat hat nach der Besetzung Deutschlands durch die Alliierten weiter bestanden" (45).

(2) Die Auffassung vom Fortbestand des Deutschen Reiches ist abgeleitet worden aus der Berliner Erklärung vom 5. Juni 1945, in der es im fünften Absatz des Vorspruchs heißt, daß die Siegermächte "die oberste Regierungsgewalt in Deutschland" übernehmen, wobei sie ausdrücklich hinzufügen, daß dies "nicht die Annektierung Deutschlands" bewirke (46). Im Potsdamer Abkommen ist diese Vereinbarung fast wörtlich übernommen worden (47), indem hierbei auch noch auf die Übereinkunft über das Kontrollsystem in Deutschland verwiesen worden ist.

(3) In diesem Zusammenhang muß auch noch hingewiesen werden auf das Protokoll über die Besatzungszonen in Deutschland und die Verwaltung von Groß-Berlin vom 12. September 1944, das nach einer Änderung unterm 26. Juni 1945 neu gefaßt worden ist und in dem das Gebiet Deutschlands beschrieben worden ist als dasjenige innerhalb seiner Grenzen vom 31. Dezember 1947 (48).

---

42 Faust a.a.O., S. 87, und Abendroth in: NJW 1947 S. 73

43 Faust a.a.O., S. 88

44 Faust, wie oben, unter Hinweis auf Verdroß, Völkerrecht, S. 186

45 Faust a.a.O., S. 99

46 Vgl. Rauschning, Völkerrecht, Verträge und andere Akte zur Rechtsstellung Deutschlands, S. 12, sowie Text Nr. 5

47 Rauschning a.a.O.; Text Nr. 6 III Ziff. 1, sowie Faust a.a.O., S. 103 und 104

48 Rauschning a.a.O., S. 30, Text Nr. 3; Ziff. 1 dieses Protokolls lau-

(4) Ausschlaggebend für die nach dem Zusammenbruch des Deutschen Reiches im Jahre 1945 eingetretene Entwicklung in staatsrechtlicher und völkerrechtlicher Hinsicht waren der Wille und die Entscheidung der Siegermächte; auf deren Willen und Entscheidung kam es an. Diese Entscheidung erging dahin, daß Deutschland, "der niedergeworfene Verband als fortbestehend zu behandeln" sei (49).

c) Die Gliederung der Besatzungszonen in Länder und deren Verfassungen

Die Besatzungsmächte, bei denen die Entscheidung über die staatsrechtliche Gestaltung Deutschlands lag, haben zunächst ihre Besatzungszonen in Länder gegliedert und veranlaßt, daß diese Länder sich Verfassungen gaben. Auch dies ist von Bedeutung für den Fortbestand Deutschlands und für die deutsche Staatsangehörigkeit. Indem auf Veranlassung und Geheiß der Besatzungsmächte die deutsche Bevölkerung in den Besatzungszonen und die dort befindlichen deutschen Behörden tätig wurden, um die für den Aufbau und die Organisation der Länder sowie die für den Erlaß der Länderverfassungen erforderlichen Maßnahmen einzuleiten und durchzuführen, entfalteten sie ihren politischen Willen und brachten ihre politische Entscheidung, sich mit Deutschland zu identifizieren, in rechtlich relevanter Form zum Ausdruck.

Einige dieser Länderverfassungen sind vor Errichtung der Bundesrepublik Deutschland beschlossen worden. Sie haben in verschiedener Weise - zum Teil unmittelbar, zum Teil aber auch nur mittelbar - Bezug auf Deutschland genommen. Nachstehend werden diese Verfassungen in chronologischer Reihenfolge ihrer Errichtungsdaten und die in Betracht kommenden Stellen angegeben:

(1) So heißt es in Art. 43 der Verfassung des früheren (50) Landes Württemberg-Baden vom 28. November 1946 (51) "Württemberg-Baden ist ein de-

---

tet: Deutschland wird innerhalb seiner Grenzen, wie sie am 31. Dezember 1937 bestanden, zum Zwecke der Besetzung in vier Zonen eingeteilt, von denen je eine einer der vier Mächte zugewiesen wird, und ein besonderes Berliner Gebiet, das der gemeinsamen Besatzungshoheit der vier Mächte unterworfen wird.

49 Vgl. Jahrreiß, Mensch und Staat, S. 202

50 Aus den früheren Ländern Baden und Württemberg wurde durch die amerikanische Militärregierung aus den nördlichen Teilen dieser beiden Länder das Land Württemberg-Baden gebildet, und aus den südlichen Teilen wurden zwei Länder, Baden und Württemberg-Hohenzollern, geschaffen. Diese drei Länder sind am 25. April 1952 zu dem Bundesland Baden-Württemberg vereinigt worden.

51 Reg. Bl. der Regierung Württemberg-Baden 1946, S. 277 ff

mokratischer und sozialer Volksstaat. Er ist ein Glied der deutschen Republik".

(2) Der Vorspruch der Verfassung des Landes Hessen vom 1. Dezember 1946 (52) lautet: "In der Überzeugung, daß Deutschland nur als demokratisches Gemeinwesen eine Gegenwart und Zukunft haben kann, hat sich Hessen als Gliedstaat der Deutschen Republik diese Verfassung gegeben".

Art. 151 dieser Verfassung enthält das Gebot, "die gesamtdeutsche Einheit zu wahren".

(3) Die Verfassung des Freistaates Bayern vom 2. Dezember 1946 (53) hat in Art. 8 festgelegt, daß "alle deutschen Staatsangehörigen, die in Bayern ihren Wohnsitz haben", die gleichen Rechte und Pflichten haben wie die bayerischen Staatsangehörigen.

(4) Die Verfassung für Rheinland-Pfalz vom 18. Mai 1947 (54) enthält im Vorspruch das Gebot, "ein neues demokratisches Deutschland als lebendiges Glied der Völkergemeinschaft zu formen", und in Art. 75 Abs. 2 bestimmt diese Verfassung, daß Staatsbürger alle Deutschen sind, die ihren Wohnsitz in Rheinland-Pfalz haben.

(5) Die Verfassung des Landes Baden vom 19. Mai 1947 (55) bestimmt in Art. 50: "Baden ist ein demokratischer und sozialer Freistaat und ein Glied der Gemeinschaft der deutschen Länder. Träger der Staatsgewalt ist das Volk."

(6) In der Verfassung für Württemberg-Hohenzollern vom 20. Mai 1947 (56) heißt es in Art. 1: "Württemberg-Hohenzollern ist ein freier Volksstaat und ein Glied der deutschen Bundesrepublik."

(7) Auch die Landesverfassung der Freien Hansestadt Bremen vom 21. Oktober 1947 (57) enthält einen Bezug auf Deutschland in Art. 64, in dem es heißt: "Der bremische Staat führt den Namen 'Freie Hansestadt Bremen' und ist ein Glied der deutschen Republik."

(8) Schließlich muß auch noch die Verfassung des Saarlandes vom 15. Dezember 1947 (58) erwähnt werden, die zwar keinen unmittelbaren Bezug auf

---

52 GVBl. 1946 S. 229, zitiert aus: Evers, Die Verfassungen der deutschen Bundesländer (Goldmann JURA), S. 129

53 GVBl. 1946 S. 333; zitiert aus: Evers a.a.O., S. 35

54 VBl. 1947 S. 209; zitiert aus: Evers a.a.O., S. 193 und 207

55 Reg. Bl. der Landesregierung Baden 1947, S. 129 ff

56 Reg. Bl. für das Land Württemberg-Hohenzollern 1947, S. 1 ff

57 GBl. 1947 S. 251; zitiert aus Evers a.a.O., S. 83 ff

58 Amtsblatt 1947 S. 1077; zitiert aus: Evers a.a.O., S. 223 ff

Deutschland beinhaltet, jedoch mittelbar den Fortbestand Deutschlands voraussetzt, indem sie in Art. 9 normiert, daß Deutsche volle Freizügigkeit genießen, und daß jeder Deutsche berechtigt sei auszuwandern, in Art. 11 festlegt, daß kein Deutscher einer fremden Macht ausgeliefert werden dürfe und in Art. 60 sagt: "Das Saarland ist ein demokratisch und sozial geordnetes Bundesland".

Diese Landesverfassungen aus der Zeit vor Errichtung der Bundesrepublik Deutschland machen deutlich, daß sowohl die Besatzungsmächte, auf deren Veranlassung und unter deren Kontrolle die Verfassungen errichtet worden sind, als auch die Bevölkerung dieser Länder ihre staatsrechtliche Auffassung dahin festgelegt hatten, daß Deutschland und die deutsche Staatsangehörigkeit nicht untergegangen waren.

Außer den oben angegebenen Ländern in der amerikanischen und in der französischen Besatzungszone haben auch die übrigen Länder der Bundesrepublik Deutschland Verfassungen mit Bezug auf Deutschland erhalten. Da diese Verfassungen jedoch erst nach Errichtung der Bundesrepublik Deutschland erlassen worden sind, bleiben sie hier außer Betracht.

Die Verfassungen der Länder in der sowjetischen Besatzungszone (59) enthielten Bestimmungen über die deutsche Staatsangehörigkeit. Als Beispiel wird hierfür die Bestimmung des Art. 4 der Verfassung des Landes Sachsen vom 15. März 1947 angeführt, die lautet: "Bürger sind alle Einwohner des Landes, die die deutsche Staatsangehörigkeit besitzen (60)." Für die verfassungsrechtliche Entwicklung der Bundesrepublik Deutschland haben die Länder in der sowjetischen Besatzungszone und deren Verfassungen keine Bedeutung erlangt; die Regierungen dieser Länder und die Landtage wurden bereits durch Gesetz der DDR vom 23. Juli 1952 aufgehoben, und die Gebiete der Länder wurden in vierzehn Bezirke aufgegliedert (61).

## III. Die Staatsangehörigkeitsregelung des Grundgesetzes

Die für das Staatsangehörigkeitsrecht wesentlichen Grundnormen sind in das Grundgesetz der Bundesrepublik Deutschland vom 23. Mai 1949 (62)

---

59 Die Verfassungen der Länder Thüringen, Provinz Sachsen-Anhalt, Mecklenburg-Vorpommern, Provinz Mark Brandenburg und Sachsen wurden in der Zeit vom Dezember 1946 bis Februar 1947 in Kraft gesetzt; vgl. hierzu Autorenkollektiv Assmann u.a., a.a.O., S. 59, 60

60 Makarov, Komm. zum deutschen Staatsangehörigkeitsrecht, S. 22

61 Autorenkollektiv Assmann u.a., a.a.O., S. 79

62 BGBl. 1949 S. 1

aufgenommen worden. Das ist für Funktion und Bestand der deutschen Staatsangehörigkeit von großer Bedeutung. Deshalb sollen nachstehend der Inhalt der grundgesetzlichen Staatsangehörigkeitsregelung dargestellt und die Bedeutung des Verfassungsrechts für diese Regelung gewürdigt werden.

## 1. Die für das Staatsangehörigkeitsrecht in Betracht kommenden Bestimmungen des Grundgesetzes

Die Bestimmungen des Grundgesetzes, die sich unmittelbar mit der deutschen Staatsangehörigkeit befassen - Art. 16 Abs. 1 und Art. 116 GG -, und diejenigen, durch die die Gesetzgebungskompetenz des Bundes und die Fortgeltung des Reichs- und Staatsangehörigkeitsgesetzes normiert worden sind - Art. 30, 73 Nr. 2, 123 Abs. 1, 124 und 129 GG -, sowie schließlich auch die Bestimmungen des Reichs- und Staatsangehörigkeitsgesetzes selbst gehören zu den staatsrechtlichen Grundlagen der Bundesrepublik Deutschland. Diese Bewertung ist aus der Gesamtkonzeption des Grundgesetzes abzuleiten. Hierbei sind sowohl die Präambel als auch die Bestimmung des Art. 146 GG in die Betrachtung einzubeziehen.

### a) Art. 16 Abs. 1 und Art. 116 GG

Diesen beiden Bestimmungen ist gemeinsam, daß in ihnen der Begriff der deutschen Staatsangehörigkeit enthalten ist, worunter das Bezugsverhältnis zum Staat Deutsches Reich oder Deutschland zu verstehen ist (63).

Auch aus der Entstehungsgeschichte des Grundgesetzes kann abgeleitet werden, daß die Schöpfer des Grundgesetzes durch die Beibehaltung des Rechtsinstituts der deutschen Staatsangehörigkeit und dessen grundgesetzlicher Regelung von der Vorstellung des Fortbestands des Deutschen Reiches und davon ausgegangen sind, daß die Bundesrepublik Deutschland mit dem Deutschen Reich identisch sei (64).

(1) Art. 16 GG ist im Grundrechtsteil enthalten. Diese Bestimmung beinhaltet, daß die deutsche Staatsangehörigkeit ein Grundrecht ist. Dies ergibt sich aus der Einordnung der Bestimmung in den Grundrechtsteil des Grundgesetzes und aus der mit dieser Bestimmung getroffenen Regelung, wonach der Entzug der deutschen Staatsangehörigkeit verboten ist und der Verlust der deutschen Staatsangehörigkeit nur auf Grund eines Gesetzes

---

63 Vgl. hierzu oben S. 11; sowie auch Maunz, Dürig, Herzog, Grundgesetz Kommentar, Rdnr. 6 zu Art. 16 GG und von Mangold, Klein, Das Bonner Grundgesetz, Anm. III) 1) b) zu Art. 16 GG

64 Schmidt-Bleibtreu, Klein, Kommentar zum Grundgesetz, Rdnr. 3 zur Präambel des GG, sowie BVerfGE 5, 85 (126)

und gegen den Willen des Betroffenen nur dann eintreten darf, wenn der Betroffene dadurch nicht staatenlos wird.

(2) Art. 116 GG muß im engen Zusammenhang mit der Bestimmung des Art. 16 GG sowie den übrigen Bestimmungen des Grundgesetzes gesehen werden, durch die den Deutschen vorbehaltene Grundrechte gewährt werden; denn Art. 116 Abs. 1 GG erweitert den Kreis der durch Grundrechte begünstigten deutschen Staatsangehörigen. Darüberhinaus macht diese Bestimmung auch noch dadurch, daß sie im Zusammenhang mit der Definition des Deutschen das Gebiet des Deutschen Reiches beschreibt, deutlich, auf welches Gebiet sich die Zugehörigkeitsbeziehung erstreckt. Wenn die Aufnahme in dem Gebiete des Deutschen Reiches nach dem Stande vom 31. Dezember 1937 für bestimmte Personengruppen - Flüchtlinge oder Vertriebene deutscher Volkszugehörigkeit oder deren Ehegatten oder Abkömmlinge - den originären Erwerb der Rechtsstellung als Deutscher im Sinne des Grundgesetzes ohne deutsche Staatsangehörigkeit begründet, dann rechtfertigt dies, auch die deutsche Staatsangehörigkeit auf dieses Reichsgebiet zu beziehen. M.a.W.: Ein Deutscher mit deutscher Staatsangehörigkeit kann kein geringeres Bezugsobjekt haben hinsichtlich des Bezugsgebietes als ein Deutscher ohne deutsche Staatsangehörigkeit; denn mit der Bestimmung des Art. 116 Abs. 1 GG ist eine gemeinsame Rechtsstellung geschaffen worden, die allen deutschen Staatsangehörigen und den besonderen Personengruppen, die Aufnahme im Gebiet des Deutschen Reichs gefunden haben, zuerkannt worden ist (65).

b) Art. 30 in Verbindung mit Art. 73 Nr. 2 GG

Durch diese Bestimmungen hat der Bund die ausschließliche Gesetzgebung über die Staatsangehörigkeit im Bunde an sich gezogen. Die Formulierung "Staatsangehörigkeit im Bunde" soll klarstellen, daß keine besondere Bundesangehörigkeit neben der deutschen Staatsangehörigkeit bestehe (66). Dies ergibt sich auch aus der Entstehungsgeschichte dieser Bestimmung (67). Der von verschiedenen Seiten vertretenen Auffassung, mit dieser Formulierung habe es dem Bundesgesetzgeber überlassen bleiben sollen, ob er neben der deutschen Staatsangehörigkeit auch noch eine Bundesangehörigkeit habe schaffen wollen, kann nicht beigepflichtet werden (68). Eine derartige Auslegung des Art. 73 Nr. 2 GG verkennt, daß diese Bestimmung im Gesamtzusammenhang der grundgesetzlichen Staatsangehörigkeitsregelung gesehen werden muß. Es ist kein Zufall oder mangelndes politisches

---

65 Heinzel, a.a.O., S. 231

66 Schmidt-Bleibtreu, Klein, a.a.O., Rdnr. 13 zu Art. 73 Nr. 2 GG

67 von Morr, a.a.O., S. 23 und 24

68 von Morr, a.a.O., wie oben

Selbstbewußtsein, daß der Bundesgesetzgeber eine ihm insoweit angeblich zustehende Regelungskompetenz nicht in Anspruch genommen hat. Dies zeigt vielmehr, daß der Bundesgesetzgeber die ihm aus Art. 73 Nr. 2 zuerkannte Kompetenz allein auf die Regelung der deutschen Staatsangehörigkeit bezogen hat (69).

Bezüglich der Staatsangehörigkeit in den Ländern ist im Grundgesetz durch Art. 74 Nr. 8 GG eine Regelung dahin getroffen worden, daß diese der konkurrierenden Gesetzgebungsbefugnis des Bundes unterliegt.

c) Art. 123 Abs. 1, 124 und 129 GG

Diese Bestimmungen haben mittelbar auf das Staatsangehörigkeitsrecht insofern Bezug, als durch sie klargestellt wird, daß das aus der Zeit vor Errichtung des Grundgesetzes stammende Staatsangehörigkeitsrecht fortgilt und innerhalb seines Geltungsbereichs Bundesrecht geworden ist. Gleichzeitig ist durch die Bestimmung des Art. 123 Abs. 1 GG geregelt, daß sich die Fortgeltung nur auf diejenigen Bestimmungen des Staatsangehörigkeitsrechts erstreckt, die dem Grundgesetz nicht widersprechen. Damit steht fest, daß das Reichs- und Staatsangehörigkeitsgesetz seine Gültigkeit nicht verloren hat mit Ausnahme weniger Bestimmungen, die als dem Grundgesetz widersprechend von der Fortgeltung ausgeschlossen sind.

Soweit die Auffassung vertreten wird (70), aus dem Grundgesetz könne man eine Festlegung auf das Reichs- und Staatsangehörigkeitsgesetz nicht entnehmen, kann dies nicht als zutreffend anerkannt werden. Zwar ist dieses Gesetz im Grundgesetz nicht ausdrücklich erwähnt und nimmt mithin auch "nicht an formellen Eigenschaften des Verfassungsrechts teil", aber auch ohne eine solche Teilhabe stellt es eine das Verfassungsrecht ergänzende Norm dar (71). Diese dem Reichs- und Staatsangehörigkeitsgesetz durch das Grundgesetz zugewiesene Einordnung wird nur durch solche Änderun-

---

69 Heinzel, a.a.O., S. 229

70 von Morr, a.a.O., S. 24 hat die Ersetzung des RuStAG durch ein anderes Staatsangehörigkeitsgesetz rechtlich für zulässig erachtet, wobei er aber nicht verkennt, daß sich ein solches Gesetz am Grundgesetz zu orientieren habe. Hierzu bemerkt von Morr auch, daß das Grundgesetz die Staatsangehörigkeit nicht der Bundesrepublik zuordnet, "sondern dem staatlichen Gebilde, wie es am 8.5.1945 real bestand". Die Problematik, die durch ein neues Staatsangehörigkeitsgesetz aufgeworfen wird, beruht nun aber gerade auf dieser Zuordnung der deutschen Staatsangehörigkeit auf das Deutsche Reich, was in der von von Morr vertretenen Auffassung bereits in dem für das Deutsche Reich angewandten Begriff "staatliches Gebilde" anklingt.

71 Vgl. hierzu Schmidt-Bleibtreu, Klein, a.a.O., Rdnr. 26 Einleitung

gen nicht beeinträchtigt, die die Grundkonzeption und den Zusammenhang der deutschen Staatsangehörigkeit mit dem Deutschen Reich unberührt lassen. Aber eine völlige Neugestaltung des Staatsangehörigkeitsrechts durch und für die Bundesrepublik Deutschland birgt die Gefahr in sich, daß diese neugestaltete Staatsangehörigkeit nicht mehr als eine auf das Deutsche Reich bezogene Angehörigkeitsbeziehung verstanden werden könnte. Eine Notwendigkeit für eine Neugestaltung des Staatsangehörigkeitsrechts besteht nicht. Sie ist in Anbetracht der offen zu haltenden deutschen Frage abzulehnen (71a).

d) Präambel und Art. 146 GG

In die Betrachtung des Staatsangehörigkeitsrechts ist auch der von den Schöpfern des Grundgesetzes nach damaliger Vorstellung angenommene Charakter einer provisorischen Regelung, die sich aus der Präambel und Art. 146 GG ableiten läßt, einzubeziehen. Mit der Vorstellung, daß das Grundgesetz eine provisorische Regelung für einen Teil des Reichsgebietes sei, war die Vorstellung verbunden, daß die übrigen Teile des Reichsgebietes, die teilweise unter polnische Verwaltung gekommen und teilweise sowjetisches Besatzungsgebiet geworden waren, im Laufe der weiteren Entwicklung der politischen Verhältnisse in den Geltungsbereich des Grundgesetzes einbezogen werden könnten. Da die Schöpfer des Grundgesetzes davon ausgegangen sind, daß das gesamte deutsche Volk in seiner verfassungsgebenden Gewalt die endgültige Gestaltung der Verfassung finden werde, haben sie sich bewußt beschieden, ein Provisorium zu gestalten, das aber bereits so angelegt sein sollte, daß eine Übernahme auf das Deutsche Reich und durch das deutsche Volk in den Grundzügen festgelegt sein sollte. Die Grundkonzeption dieses sogen. Provisoriums sollte vom Charakter des Provisorischen nicht berührt werden. Das Grundgesetz sollte keine geringere Bedeutung haben als eine Verfassung, die nicht als Provisorium verstanden werde. Mit der Bezeichnung Grundgesetz (72) wollte der Parlamentarische Rat klarstellen, "daß er nicht eine endgültige Verfassung für einen neuen westdeutschen Staat schaffen wollte, sondern nur ein Provisorium, das seine Gültigkeit an dem Tage verliert, an dem eine Verfassung in Kraft tritt, die von dem deutschen Volk in freier Entscheidung beschlossen worden ist" (73).

---

71a Vgl. hierzu Arndt, Neuregelung zur Verringerung von Staatenlosigkeit, in: NJW 1977, S. 1564 (1565)

72 Der Begriff "Grundgesetz" ist hier nicht in der Auslegung zu verstehen, in der seine Bedeutung als Grundnorm oder lex fundamentalis von Carl Schmitt in seiner Verfassungslehre S. 42 ff umfassend interpretiert worden ist.

73 Schmidt-Bleibtreu, Klein, a.a.O., Einleitung Rdnr. 45

Mit der Kennzeichnung als Provisorium sollte also nur darauf hingewiesen werden, daß sich zu der Zeit der Verfassungsgebung das Deutsche Reich in einem Übergangszustand befand, und zwar in dem Zustand des Übergangs von der fortexistierenden Völkerrechtssubjektivität des Deutschen Reiches zur vollen Handlungsfähigkeit. Wenn man hierbei berücksichtigt, daß das Grundgesetz - trotz der damaligen Überzeugung, es werde sich um eine Übergangszeit handeln, in der es wirksam sein solle - eine verfassungsrechtliche Regelung auf der Grundlage der Rechtsauffassung geschaffen hat, wonach das Deutsche Reich im Jahre 1945 nicht untergegangen ist sondern fortbestanden hat und fortbestehen sollte, dann handelt es sich um die Grundkonzeption, deren Beibehaltung und Unabänderbarkeit feststehen sollte. In diesem Zusammenhang ist es gerechtfertigt, diese durch das Grundgesetz geregelte Grundkonzeption als verfassungsrechtliche Grundnorm zu behandeln (74). Daraus muß die Folgerung abgeleitet werden, daß wegen der Einbindung in diese verfassungsrechtliche Grundkonzeption die deutsche Staatsangehörigkeit in ihrem Wesenskerngehalt nicht verändert werden kann.

## 2. Die Bedeutung des Verfassungsrechts für die deutsche Staatsangehörigkeit

Die Abhängigkeit des Staatsangehörigkeitsrechts vom Verfassungsrecht beruht auf der Wechselbeziehung, die zwischen dem staatlichen Gemeinwesen und dessen Angehörigen besteht. Die Verfassung des Staates hat entscheidende Bedeutung für die Gestaltung des staatlichen Gemeinwesens und damit auch für dessen Beziehung und Verhältnis zu seinen Angehörigen (75). Durch das Grundgesetz ist die Bundesrepublik Deutschland als ein demokratischer und sozialer Bundesstaat gestaltet worden (Art. 20 GG), in dem der Grundsatz der Rechtsstaatlichkeit zu den elementaren Verfassungsgrundsätzen und den Grundentscheidungen des Grundgesetzes (BVerfGE 6, 41) (76) gehört (77).

Das Verfassungsrecht der Bundesrepublik Deutschland ist für die deutsche Staatsangehörigkeit von Bedeutung sowohl für die Funktion dieses Rechtsinstituts als auch für dessen Bestand.

---

74 Vgl. Blumenwitz, Einführungsreferat zu den Grundsatzfragen, in: Fünf Jahre Grundvertragsurteil, S. 7 ff (15)

75 Vgl. hierzu die zum Begriff der Staatsangehörigkeit gemachten Ausführungen, oben S. 5

76 In den Entscheidungen BVerfGE 6, 32 (41) heißt es, daß Gesetze "auch den ungeschriebenen elementaren Verfassungsgrundsätzen und den Grundentscheidungen des Grundgesetzes entsprechen, vornehmlich dem Grundsatz der Rechtsstaatlichkeit und dem Sozialstaatsprinzip".

77 Schmidt-Bleibtreu, Klein, a.a.O., Rdnr. 9 zu Art. 20 GG

a) Die Bedeutung für die Funktion

Das Verfassungsrecht der Bundesrepublik Deutschland hat für die Funktion der deutschen Staatsangehörigkeit die Bedeutung, daß die durch dieses Rechtsinstitut gestaltete Angehörigkeitsbeziehung dem Wesen dieses Staates als demokratischer und sozialer Rechtsstaat entsprechen muß. M.a.W.: Da die Bundesrepublik Deutschland nach dem Grundgesetz als ein demokratischer und sozialer Rechtsstaat aufgebaut und entwickelt worden ist, muß auch das Rechtsinstitut der deutschen Staatsangehörigkeit entsprechend gestaltet werden.

Das gilt für alle innerstaatlichen Funktionsbereiche.

aa) Die Zuordnungsfunktion

(1) Durch die Zuordnungsfunktion (78) der deutschen Staatsangehörigkeit wird das "Deutsche Volk" bestimmt. Es ist die Gemeinschaft der deutschen Staatsangehörigen, die durch das Rechtsinstitut der Staatsangehörigkeit rechtlich miteinander verbunden sind und in dieser Gemeinschaft den Staat bilden. Nach demokratischem Verständnis der Bundesrepublik Deutschland ist sowohl das Angehörigkeitsverhältnis des Einzelnen zum Staat als auch das der rechtlichen Gesamtheit der Staatsangehörigen, des deutschen Volkes, zum Staat ein wechselseitiges Verhältnis. Das zeigt sich wie folgt:

(2) Das deutsche Volk hat die verfassungsgebende Gewalt. Das besagt die Präambel des Grundgesetzes (79), und das ergibt sich auch aus Art. 146 GG, in dem das deutsche Volk nochmals als das Organ angegeben ist, das für eine in freier Entscheidung zu beschließende Verfassung zuständig sein soll. Der gleiche Personenkreis - nämlich "das gesamte deutsche Volk" - ist in der Präambel aufgeführt als das zur Herbeiführung der Einheit und Freiheit Deutschlands zu wirken verpflichtete Organ. Der Wille des Volkes ist aber nicht nur für die Verfassungsgebung entscheidend. Nach dem für die Bundesrepublik Deutschland geltenden Demokratieprinzip geht alle Staatsgewalt vom Volke aus (Art. 20 Abs. 2 GG).

(3) Die Wechselseitigkeit der Angehörigkeitsbeziehung kommt wohl am besten zum Ausdruck in dem Amtseid, den der Bundespräsident gem. Art. 56 GG sowie der Bundeskanzler und die Bundesminister gem. Art. 64 in Verbindung mit Art. 56 GG leisten. Danach steht an erster Stelle der beschworenen Amtspflichten das Wohl und der Nutzen des deutschen Volkes und die Verpflichtung, Schaden von ihm zu wenden.

(4) Die unmittelbar aus der Angehörigkeit erwachsende wechselseitige Bindung bezieht sich nicht nur auf das deutsche Volk in seinem Verhältnis zum

---

78 siehe oben S. 8

79 Vgl. Schmidt-Bleibtreu, Klein, a.a.O., Rdnr. 7 zur Präambel des GG

Staat sondern erfaßt unmittelbar auch das Verhältnis des einzelnen deutschen Staatsangehörigen zum Staat.

bb) Die Statusfunktion

(1) Die Statusfunktion (80) bewirkt, daß unmittelbar "aus der rechtlichen Zugehörigkeit zur staatlichen Gemeinschaft der Bundesrepublik und kraft der Verfassung" (81) den Deutschen Grundrechte und grundrechtsgleiche Rechte, die nur ihnen vorbehalten sind, erwachsen und in Verbindung damit die staatsbürgerlichen Rechte und Pflichten. Damit haben die Deutschen bedeutende und verfassungsrechtlich verbürgte Rechtspositionen, die auch gegen den Staat durchgesetzt werden können.

(2) Es handelt sich hierbei um die Versammlungsfreiheit (Art. 8), die Vereinigungsfreiheit (Art. 9 Abs. 1), das Recht auf Freizügigkeit (Art. 11), die Berufsfreiheit (Art. 12), das Auslieferungsverbot (Art. 16 Abs. 2 Satz 1), das Widerstandsrecht (Art. 20 Abs. 4), das aktive und passive Wahlrecht (Art. 20 Abs. 2 Satz 2, Art. 38 in Verbindung mit § 12 Abs. 1 und § 16 Abs. 1 Bundeswahlgesetz), das Recht auf Zugang zu öffentlichen Ämtern (Art. 33 Abs. 2) und auf staatsbürgerliche Gleichstellung in allen Bundesländern (Art. 33 Abs. 1) (82).

cc) Die Anknüpfungsfunktion

Die Anknüpfungsfunktion (83) wird auf verschiedenen Rechtsgebieten für die deutschen Staatsangehörigen wirksam, z.B. im Ausländerrecht, im Arbeits- und Berufsrecht und im Recht der Förderungs- und Sozialleistungen. Wichtig ist in diesem Zusammenhang, daß das deutsche Internationale Privatrecht auf dem Gebiet des Personen-, Familien- und Erbrechts an die deutsche Staatsangehörigkeit anknüpft (84).

---

80 siehe oben S. 8

81 BVerfGE 37, 217 (241)

82 Aufzählung nach BVerfGE 37, 241

83 siehe oben S. 8 und 9

84 Heldrich, Innerdeutsches Kollisionsrecht und Staatsangehörigkeitsfrage, in: NJW 1978 S. 2170 ff (2173) vertritt die Auffassung, daß durch den Grundvertrag und die dadurch erfolgte Neuordnung der Beziehungen zwischen beiden deutschen Staaten die Voraussetzungen eines besonderen interlokalen Privatrechts in Deutschland entfallen seien, und daß "daher nunmehr auch in den zwischendeutschen Rechtsbeziehungen die allgemeinen Regeln des internationalen Privatrechts anzuwenden seien", wobei "bei mehrfacher deutscher Staatsangehörigkeit ... die effektivere Staatsangehörigkeit maßgebend" sein solle. Heldrich stützt diese Auf-

Aber auch für die nach außen gerichtete Funktion der deutschen Staatsangehörigkeit ist das Verfassungsrecht der Bundesrepublik Deutschland von Bedeutung.

dd) Die Abgrenzungsfunktion

(1) Durch die Abgrenzungsfunktion (85) wird bewirkt, daß im Verhältnis zu anderen Staaten klargestellt wird, durch welchen Personenkreis das deutsche Staatsvolk gebildet wird, nämlich durch die deutschen Staatsangehörigen. Das Rechtsinstitut der deutschen Staatsangehörigkeit ist mithin das rechtliche Abgrenzungskriterium für das deutsche Staatsvolk, von dem die Schöpfer des Grundgesetzes ausgegangen sind (86). Diese verfassungsrechtliche Ausgangslage zeigt die Bedeutung des Grundgesetzes für die deutsche Staatsangehörigkeit.

ee) Die Schutzfunktion

Die Schutzfunktion (87) beinhaltet den Anspruch auf diplomatischen Schutz und konsularische Betreuung, der den deutschen Staatsangehörigen gegen die Bundesrepublik Deutschland zusteht und der durch die deutschen Auslandsvertretungen zu gewähren ist. Auch für die Schutzfunktion ist das Verfassungsrecht von Bedeutung, und zwar sowohl dafür, welche Personen als deutsche Staatsangehörige Anspruch auf Schutzgewährung haben, als auch dafür, wemgegenüber von der Bundesrepublik Deutschland die Schutzpflicht zu erfüllen ist.

b) Die Bedeutung für den Bestand

(1) Das Verfassungsrecht ist auch für den Bestand der deutschen Staatsangehörigkeit von Bedeutung. Das ergibt sich schon daraus, daß die durch das

---

fassung auf die Entscheidung in BVerfGE 37, 217 (243), wonach "beim Zusammentreffen der inländischen mit einer fremden Staatsangehörigkeit die effektivere den Vorrang bei der Bestimmung des anzuwendenden Rechts haben" könne. - Dieser Auffassung ist zu widersprechen; sie ist, entgegen der Meinung von Heldrich, keineswegs "mit den verfassungsrechtlichen Rahmenbedingungen" des Grundvertragsurteils zu vereinbaren; denn sie beinhaltet die Anerkennung einer von der deutschen Staatsangehörigkeit abgespalteten DDR-Staatsangehörigkeit als ausländischer Staatsangehörigkeit und damit implicite die vom BVerfG ausdrücklich verneinte völkerrechtliche Anerkennung der DDR.

85 siehe oben S. 9

86 siehe oben S. 25

87 siehe oben S. 9

Grundgesetz geregelte Grundkonzeption, in die die deutsche Staatsangehörigkeit eingebunden ist, sowohl einer Abänderung als auch einer Aufhebung entzogen ist (88) und weiter daraus, daß auch eine Inhaltsänderung des Grundgesetzes, soweit sie sich nicht auf unaufhebbare Grundpositionen erstreckt, erschwert ist.

(2) Was den einzelnen deutschen Staatsangehörigen anlangt und die Dauer von dessen Angehörigkeitsbeziehung betrifft (89), hat das Grundgesetz in Art. 16 Abs. 1 Satz 1 die Unentziehbarkeit geregelt. Auch ein Verlust der deutschen Staatsangehörigkeit ist nur unter eng begrenzten Voraussetzungen gemäß Art. 16 Abs. 1 Satz 2 GG möglich (90).

(3) Soweit der Bestand der deutschen Staatsangehörigkeit vom Bestand des Staates abhängt (91), der das Bezugsobjekt für dieses Rechtsinstitut ist, kommt es auf dessen Bestand an. Ist für die deutsche Staatsangehörigkeit das Deutsche Reich dieses Bezugsobjekt, dann stellt sich die Frage nach dessen Bestand, wenn entschieden werden soll, ob die deutsche Staatsangehörigkeit Bestand hat.

(4) Für die Entscheidung der Frage nach dem Bestand des Staates Deutsches Reich und mithin nach dem Bestand der deutschen Staatsangehörigkeit, kommt es nicht nur auf die verfassungsrechtliche Beurteilung der Rechtslage an. Vielmehr ist auch erforderlich, die völkerrechtliche Problematik zu untersuchen. Sowohl die verfassungsrechtliche als auch die völkerrechtliche Überprüfung soll im Zusammenhang mit der Auslegung des Grundvertragsurteils zum Rechtsstatus Deutschlands und zur Staatsangehörigkeitsfrage erfolgen.

---

88 siehe oben S. 26

89 siehe oben S. 10

90 siehe oben S. 22 und 23

91 siehe oben S. 10

## B. DIE DEUTSCHE STAATSANGEHÖRIGKEIT IM STREIT UM DEN GRUNDVERTRAG

Das Bundesverfassungsgericht ist im Verfassungsrechtsstreit nicht an die Ausführungen der Verfahrensbeteiligten gebunden; es hat von amtswegen alle für die Überprüfung des Sachverhalts maßgebenden Umstände und Gesichtspunkte heranzuziehen und in die rechtliche Würdigung einzubeziehen. Trotzdem ist es sinnvoll, die im Normenkontrollverfahren zur Überprüfung des Grundvertrags von den Verfahrensbeteiligten gemachten Ausführungen bei Untersuchung und Auslegung des Grundvertragsurteils heranzuziehen. Der Vortrag der Verfahrensbeteiligten zur Sach- und Rechtslage kann Hinweis für die Auslegung des Urteils und dafür geben, wie es verstanden werden soll. Dabei muß allerdings bedacht werden, daß die Verfahrensbeteiligten ihre gegenteiligen Rechtsauffassungen, um ihnen Nachdruck zu verleihen, besonders pointiert und manchmal auch in bewußter Überspitzung vorgetragen haben könnten, jeweils im Hinblick auf die Zielrichtung ihres Vorgehens. Aber gerade dadurch wird die Problematik besonders deutlich, und dies wiederum läßt die im Urteil zu den Streitpunkten erkannten Festlegungen und Ausführungen besser verstehen und einordnen.

Gegenstand der rechtlichen Würdigung durch die Verfahrensbeteiligten war der Grundvertrag, und zwar auch soweit dieser Vertrag die Staatsangehörigkeitsfrage berührt, auf sie Einfluß hat oder für sie von Bedeutung ist. Deshalb sollen vorerst der Grundvertrag im Hinblick auf die deutsche Staatsangehörigkeit und hierbei insbesondere die zu der Staatsangehörigkeitsfrage zu Protokoll abgegebenen Erklärungen behandelt werden, um sodann die im Verfahren vor dem Bundesverfassungsgericht von den Verfahrensbeteiligten hinsichtlich der deutschen Staatsangehörigkeit vorgetragenen Auffassungen darzustellen.

### I. Der Grundvertrag und die deutsche Staatsangehörigkeit

Der Grundvertrag enthält keine Bestimmung, in der die deutsche Staatsangehörigkeit ausdrücklich und unmittelbar behandelt oder geregelt worden ist. Das besagt jedoch nicht, daß er für die Staatsangehörigkeitsfrage ohne jede Bedeutung ist. Sowohl in der Präambel als auch im operationellen Teil des Vertrags sind Bestimmungen enthalten, die - wenn auch nicht ausdrücklich so doch mittelbar - für die Lösung der mit der Staatsangehörigkeitsfrage verbundenen Probleme herangezogen werden können. Vor allem aber muß der Vertrag im Rahmen des gesamten "Vertragswerks" (1) gesehen werden. Zu seiner Auslegung sind auch die Teile des Vertragswerks, die nicht zum eigentlichen Vertrag gehören, heranzuziehen. Das gilt hinsichtlich der Staatsangehörigkeitsfrage für den von der Bundesrepublik gemachten Vorbehalt und die von der DDR abgegebene Erklärung.

### 1. Präambel und operationeller Teil des Vertrags

Für die Auslegung des Grundvertrags und damit auch für die Staatsangehörigkeitsfrage ist Satz 5 der Präambel von Bedeutung, wonach die Vertragsparteien den Grundvertrag unbeschadet der unterschiedlichen Auffassungen zu grundsätzlichen Fragen, darunter zur nationalen Frage, geschlossen haben. Man kann "nach den Regeln über die Vertragsauslegung (davon ausgehen), daß es angesichts dieses offenen Dissenses jeder Seite unbenommen ist, ihre Ansicht zur nationalen Frage weiterhin zu vertreten" (2). Das bedeutet zwar nicht, daß sich der Dissens bezüglich "jeder nur denkbaren unterschiedlichen Auffassung zu grundsätzlichen Fragen durchsetzt", "ein solcher Grunddissens vermag nicht den inhaltlich klar umrissenen, von der Willenseinigung der Parteien getragenen operativen Teil des Vertrags zu beseitigen, wohl aber zu modifizieren" (3). Im Rahmen einer solchen Modifizierung kann es liegen, den Dissens zur nationalen Frage auch bezüglich der Staatsangehörigkeitsfrage durchgreifen zu lassen auf den operativen Teil der Vertrages, und zwar dahin, daß mittelbare Ableitungen zur Frage der deutschen Staatsangehörigkeit zu unterbleiben haben. Dies läßt sich daraus herleiten, daß die Staatsangehörigkeitsfrage ein Bestandteil der nationalen Frage ist und nur im Zusammenhang mit dieser übergreifenden nationalen Frage gelöst werden kann.

Die folgenden operativen Bestimmungen des Grundvertrags können mittelbar für die Staatsangehörigkeitsfrage bedeutsam sein:

(1) Art. 1, wonach die Vertragsparteien "gutnachbarliche Beziehungen zueinander auf der Grundlage der Gleichberechtigung" entwickeln. Hierzu heißt es in der Denkschrift der Bundesregierung (4), mit dem Ausdruck

---

1 Ress, Die Rechtslage Deutschlands nach dem Grundlagenvertrag vom 21. Dezember 1973, S. 3, der den Ausdruck Vertragswerk, seinen Inhalt und seine Bedeutung auch für den Grundvertrag erläutert

2 Vgl. hierzu Ress, a.a.O., S. 83 (96), der die aus dem offenen Dissens sich ergebenden grundsätzlichen Fragen eingehend erörtert. Wegen der Begrenzung des Themas der Arbeit erscheint ein weiteres Eingehen auf diese Problematik nicht erforderlich.

3 Ress, wie oben

4 Denkschrift der Bundesregierung zum Grundlagenvertrag, BR-Drs 640/72

Gleichberechtigung solle verdeutlicht werden, was mit normalen Beziehungen angestrebt werde. Aus der Verwendung dieses Begriffs im operativen Teil des Vertrags läßt sich nach Ress herleiten, daß diese Zielsetzung für die gesamte Spannweite des gegenseitigen Verhältnisses verbindlich sein solle (5). Deshalb könnte die Annahme gerechtfertigt sein, auch die Staatsangehörigkeitsfrage würde davon erfaßt.

(2) Art. 2, wonach die Vertragsparteien sich unter anderem leiten lassen wollen von den Prinzipien der souveränen Gleichheit aller Staaten, der Achtung der Unabhängigkeit, Selbständigkeit und territorialen Integrität. Auch daraus könnte abgeleitet werden, daß die Staatsangehörigkeitsfrage durch diese Feststellung berührt würde.

(3) Art. 6, wonach die Vertragsparteien, ausgehend von dem Grundsatz, daß sich ihre Hoheitsgewalt jeweils auf ihr Staatsgebiet erstrecke, die Unabhängigkeit und Selbständigkeit jedes der beiden Staaten in seinen inneren und äußeren Angelegenheiten respektieren. Diese umfassende Verpflichtung könnte ebenfalls auf die Staatsangehörigkeitsfrage erstreckt werden.

Ob eine so weitgehende und alle oben aufgeführten Einzelbestimmungen des Grundvertrags erfassende derogative Kraft aus dem Satz 5 der Präambel des Grundvertrags abgeleitet werden kann, erscheint zweifelhaft und würde wahrscheinlich verneint werden müssen, wenn die Vertragsparteien zur Staatsangehörigkeitsfrage nicht besondere zum Vertragswerk gehörende Erklärungen abgegeben hätten.

## 2. Der Vorbehalt und die Erklärung zur Staatsangehörigkeitsfrage

(1) Zur Staatsangehörigkeitsfrage haben die Vertragsparteien folgendes erklärt:

Vorbehalt zu Staatsangehörigkeitsfragen durch die Bundesrepublik Deutschland (6)

> Die Bundesrepublik Deutschland erklärt: "Staatsangehörigkeitsfragen sind durch den Vertrag nicht geregelt worden."

Anläßlich der Unterzeichnung des Vertrages über die Grundlagen der Beziehungen zwischen der Deutschen Demokratischen Republik und der Bundesrepublik Deutschland erklärt die DDR (7):

> "Die Deutsche Demokratische Republik geht davon aus, daß der Vertrag eine Regelung der Staatsangehörigkeitsfrage erleichtern wird."

Berlin, den 21. Dezember 1972        Dr. Michael Kohl

---

5 Vgl. hierzu Ress a.a.O., S. 229 f

6 BGBl. 1973 II S. 426; im GBl. DDR nicht veröffentlicht

7 GBl. DDR 1973 II S. 27; im BGBl. nicht veröffentlicht

Bemerkenswert ist, daß die Erklärungen der Vertragsparteien zur Staatsangehörigkeitsfrage im Wortlaut nicht übereinstimmen und nach ihrem Inhalt verschiedene Auslegungen zulassen.

(2) Die Erklärung der Bundesrepublik Deutschland ist in der Überschrift als "Vorbehalt zu Staatsangehörigkeitsfragen" bezeichnet, womit klargestellt ist, daß sich die Bundesrepublik die in ihrer Erklärung festgestellte Nichtregelung der Staatsangehörigkeitsfragen geltend zu machen, ausdrücklich vorbehalten hat. M. a. W.: Die Bundesrepublik hat sich durch ihre Erklärung und durch die der Erklärung vorangestellte Überschrift vorbehalten, geltend zu machen, daß durch den Grundvertrag Staatsangehörigkeitsfragen nicht geregelt sind, und zwar auch nicht mittelbar durch die im operativen Teil des Vertrags enthaltenen Bestimmungen, aus denen eine solche Regelung abgeleitet werden könnte.

(3) Demgegenüber ist die Erklärung der DDR kein ausdrücklicher Vorbehalt im gleichen Sinne. Soweit in ihr zum Ausdruck gebracht ist, der Grundvertrag werde eine Regelung der Staatsangehörigkeitsfrage erleichtern, enthält die Erklärung der DDR aber ebenfalls - allerdings mittelbar - die Feststellung, daß die Staatsangehörigkeitsfrage nicht geregelt ist. Darüberhinaus könnte aus der Erklärung der DDR noch abgeleitet werden, daß mit der Feststellung, der Vertrag werde eine Regelung erleichtern, abgestellt sei auf die im operativen Teil des Vertrags enthaltenen Bestimmungen; diese Feststellung könnte als Hinweis dahin verstanden werden, daß diese Bestimmungen mittelbar zur Regelung der Staatsangehörigkeitsfrage heranzuziehen seien.

(4) Danach kann man bei Gegenüberstellung der beiden Erklärungen feststellen, daß durch sie die Vertragsparteien ihre Übereinstimmung darüber zum Ausdruck gebracht haben, die Staatsangehörigkeitsfrage sei (noch) nicht ausdrücklich geregelt, und zwar auch nicht durch den Grundvertrag. Eine weitergehende Einigung der Vertragsparteien wird man aus den Erklärungen nicht ableiten können.

Die durch die Erklärungen zum Ausdruck kommende Divergenz bezieht sich auf die aus dem Grundvertrag mittelbar ableitbaren Folgerungen. Nach dem Vorbehalt der Bundesrepublik werden Staatsangehörigkeitsfragen auch nicht mittelbar durch den Grundvertrag berührt, während die DDR aufgrund ihrer Erklärung mittelbare Folgerungen - wenn auch nur dahin, die Regelung der Staatsangehörigkeitsfrage werde dadurch erleichtert werden - ableiten kann.

(5) Für die Beurteilung der Auswirkung, die dem Vorbehalt der Bundesrepublik und der Erklärung der DDR zukommen, ist von folgendem auszugehen: Die DDR hat dem Vorbehalt der Bundesrepublik nicht widersprochen; sie hat ihn stillschweigend hingenommen. Das gleiche gilt in Bezug auf die Bundesrepublik hinsichtlich der Erklärung der DDR. Das bedeutet, daß die Bundesrepublik die sich aus ihrem Vorbehalt ergebenden Konsequenzen ziehen und der DDR gegenüber geltend machen kann, die Staatsangehörigkeitsfrage sei weder mittelbar noch unmittelbar durch den Grundvertrag

geregelt, ohne daß ihr bei Geltendmachung dieses Standpunktes und der daraus sich ergebenden Konsequenzen vonseiten der DDR aus dem Grundvertrag Einwendungen entgegengesetzt werden könnten. Andrerseits kann die Bundesrepublik dem von der DDR geltend gemachten Standpunkt nicht mit Einwendungen aus dem Grundvertrag entgegentreten.

Schließlich sei noch darauf hingewiesen, daß die Erklärung der DDR vieldeutig ist. Aus ihr kann auch entnommen werden, die durch den Grundvertrag bezweckte Normalisierung und Verbesserung der zwischenstaatlichen Beziehungen sei es, die eine Regelung der Staatsangehörigkeitsfrage erleichtern werde. Diese Interpretation würde abstellen auf den allgemeinen Zweck des Vertrags, nicht aber mittelbar auf dessen Einzelbestimmungen.

## II. Die von den Verfahrensbeteiligten im Normenkontrollverfahren vorgetragenen Auffassungen zur Staatsangehörigkeitsfrage

Verfahrensbeteiligte in dem Normenkontrollverfahren - Verfahren zur verfassungsrechtlichen Prüfung des Gesetzes vom 6. Juni 1973 (8) zum Grundvertrag - waren die Bayerische Staatsregierung als Antragstellerin und die Bundesregierung als Beteiligte. Ihr Vortrag zur Sach- und Rechtslage wird nachstehend, soweit er die Staatsangehörigkeitsfrage betraf, dargestellt, und zwar unterteilt in die Ausführungen, die die Staatsangehörigkeitsfrage nur mittelbar betrafen, nämlich die Ausführungen zum Rechtsstatus Deutschlands, und in die die Staatsangehörigkeitsfrage unmittelbar betreffenden Ausführungen. Einbezogen in diese Darstellung werden auch die Ausführungen in den Verfahren auf Erlaß einer einstweiligen Anordnung.

### 1. Die Ausführungen der Antragstellerin

In der nachstehenden Darstellung dieser Ausführungen wird nicht unterschieden, ob es sich um Ausführungen der Antragstellerin selbst oder um solche ihres Bevollmächtigten, Blumenwitz, gehandelt hat, und die Ausführungen werden nur wiedergegeben oder zitiert in verkürzter Form und in Begrenzung auf die Teile, deren Darstellung zum Verständnis und zur Interpretation des Grundvertragsurteils erforderlich erscheinen.

---

8 BGBl. II S. 421

a) Zum Rechtsstatus Deutschlands

Die Antragstellerin hat den Rechtsstatus Deutschlands wie folgt dargestellt:

> "Das Grundgesetz geht von dem Vorhandensein eines gesamtdeutschen Staatsvolkes, eines gesamtdeutschen Staatsgebietes und einer gesamtdeutschen Staatsgewalt aus. Die BRD ist der berufene und allein handlungsfähige Teil Gesamtdeutschlands, der staatlich wieder organisiert werden konnte (BVerfGE 2, 277). Das Deutsche Reich ist durch den Zusammenbruch vom Jahre 1945 als Staats- und Völkerrechtssubjekt nicht untergegangen (BVerfGE 5, 126; 6, 336, 363). Es hatte nur nach dem 8. Mai 1945 seine staatliche Organisation eingebüßt. Wenn auch die durch das Grundgesetz geschaffene Organisation vorläufig auf einen Teil des Reichsgebietes beschränkt ist, so ist doch die BRD identisch mit dem Deutschen Reich (BVerfGE 3, 319 f, 6, 338, 363) (9)."

Nach Auffassung der Antragstellerin ist der Grundvertrag mit dieser staats- und völkerrechtlichen Grundauffassung unvereinbar.

(1) Der Vertrag gehe von zwei gleichberechtigten deutschen Staaten aus (10).

(2) In dem Vertrag fehle jeglicher Hinweis auf das Deutsche Reich oder Gesamtdeutschland (11).

(3) Der Vertrag könne deshalb nur so verstanden werden, daß er vom Untergang des Deutschen Reichs ausgehe; er beruhe deshalb "auf der von der DDR vertretenen und mit den Leitideen des Grundgesetzes unvereinbaren Theorie vom Untergang des Deutschen Reiches und dem Neuentstehen zweier unabhängiger Staaten auf dem Territorium des alten Reiches" (12). Das Grundgesetz gestatte keine Verträge, "die den Bestand des überkommenen deutschen Völkerrechtssubjekts berühren"; dem entgegen besiegele der Grundvertrag "den Abschluß eines Sezzessions- oder Dismembrationsprozesses in Deutschland" (13). "Jedes Zweistaatenmodell" sei aber "mit dem dem Grundgesetz zugrundeliegenden Staatsbegriff unvereinbar" (14).

(4) Jede verfassungsmäßige Ordnung setze einen Staatsbegriff voraus, und Staats- und Verfassungsziele seien identisch; eine Änderung des vom Grundgesetz vorausgesetzten Deutschlandbegriffs sei weder durch den sogenannten

---

9 Cieslar, Hampel, Zeitler, Der Streit um den Grundvertrag, eine Dokumentation, 1973 München, S. 53, 54, sowie auch S. 112

10 wie oben, S. 54

11 Cieslar, Hampel, Zeitler, a.a.O., S. 54 und 112

12 wie oben S. 112

13 wie oben S. 170

14 wie oben S. 176

"Bedeutungswandel von Verfassungsnormen" noch durch das umfassende Institut des "stillen Verfassungswandels" möglich. Die durch das Grundgesetz statuierte staatliche Ordnung sei identisch mit der größeren Ordnung des deutschen Gesamtstaates: "Identitätstheorie in der Form der Kernstaatstheorie" (15). "Eine Identitätstheorie in Form einer 'Schrumpfstaatstheorie', nach der der deutsche Staat auch als Völkerrechtssubjekt nur noch das Gebiet der Bundesrepublik umfaßte, würde dem umfassenderen Deutschlandbegriff nicht gerecht" (16). Der Staatsbegriff verdiene "mindestens denselben Schutz wie seine durch die Verfassung geschaffenen Institutionen" (17).

b) Zur Staatsangehörigkeitsfrage

Hierzu hat die Antragstellerin die Auffassung vorgetragen, daß der Grundvertrag auf die Staatsangehörigkeit der Menschen in der DDR nicht ohne Einfluß sei; das Recht der Staatsangehörigkeit werde durch den Grundvertrag berührt.

(1) Der Vorbehalt zu den Staatsangehörigkeitsfragen stelle zwar klar, daß die Menschen in der DDR im Sinne von Art. 116 GG Deutsche bleiben; er verhindere jedoch nicht, daß die DDR den in ihrem Hoheitsgebiet lebenden Menschen die Staatsangehörigkeit der DDR zuspreche. Nachdem die DDR im Grundvertrag als ein selbständiger Staat anerkannt werde, könne sie die in ihm Lebenden als ihre Staatsangehörigen beanspruchen. Im Grundvertrag sei ein Ausreiserecht nicht vereinbart. Da dem größten Teil der in der DDR lebenden Deutschen die Ausreise verboten sei und das Verbot sowohl präventiv durch Schießbefehl und Tötungsanlagen als auch repressiv durch Strafgesetz und Verwaltungsmaßnahmen bewehrt sei, verletze der Grundvertrag auch insoweit die Schutz- und Fürsorgepflicht (18).

(2) Die Protokollerklärung der DDR, wonach der Vertrag eine Regelung der Staatsangehörigkeitsfrage erleichtern werde, deute bereits die künftige Entwicklung in Richtung auf die Zielvorstellung der DDR an. Bei Behandlung des Grundvertrags in der Volkskammer der DDR am 13. Juni 1973 habe DDR-Außenminister Winzer schon die Änderung des Staatsangehörigkeitsrechts der Bundesrepublik Deutschland entgegen Art. 116 GG und zugunsten einer Trennung auch der Staatsbürgerschaften in Deutschland gefordert (19).

---

15 Cieslar, Hampel, Zeitler, a.a.O., S. 185

16 wie oben, S. 185

17 wie vorstehend

18 wie oben, S. 123

19 wie oben, S. 162

(3) Die Erklärung der Bundesregierung zur Staatsangehörigkeitsfrage könne nicht als echter Vorbehalt angesehen werden, da sie von der anderen Vertragsseite mit der von dieser abgegebenen Erklärung nicht gebilligt worden sei. Die Erklärung der DDR, der Grundvertrag werde "eine Regelung der Staatsangehörigkeitsfragen erleichtern", ergäbe nur einen Konsens dahin, daß der Vertrag keine unmittelbare Regelung der Staatsangehörigkeitsfrage enthalte. Sollte die Erklärung der Bundesregierung kein Vorbehalt sondern eine "Rechtsverwahrung" sein, die der Akzeptierung durch den Vertragspartner nicht bedürfe, diesen aber auch nicht binde, dann wäre der Dissensspielraum, von dem die DDR Gebrauch machen könne, noch größer (20).

(4) Aus den Bestimmungen der Art. 1, 2 und 6 des Grundvertrags könne eine mittelbare Regelung der Staatsangehörigkeitsfragen abgeleitet werden, die im Gegensatz zu der im Grundgesetz festgehaltenen einheitlichen deutschen Staatsangehörigkeit stehe: "Gleichberechtigung" als Grundlage der Beziehungen, "souveräne Gleichheit", "Achtung vor der Unabhängigkeit und Selbständigkeit", "Respekt" vor der "Unabhängigkeit" in den inneren und äußeren Angelegenheiten. Zudem werde mit Abschluß des Grundvertrags der Rest gesamtdeutscher Staatlichkeit als Zuordnungsobjekt der Staatsangehörigkeit entfallen sein; "da das Recht der Staatsangehörigkeit sich auf Dauer auch nicht ohne Beziehung zur territorialen Rechtslage entwickeln" könne, gewinne Art. 3 Satz 2 des Grundvertrags hierfür Bedeutung (21).

(5) Da die Mehrstaatigkeit völkerrechtlich so weit wie möglich zu verhindern sei, sei es völkerrechtswidrig, das gesamte Staatsvolk eines anderen Staates für sich in Anspruch zu nehmen; beim Untergang eines Altstaates (Dismembration Gesamtdeutschlands) oder der Bildung eines Neustaates (Sezession der DDR) erlösche automatisch die alte Staatsangehörigkeit (22). Die zumindest mittelbaren Folgen der Art. 1, 2, 3 Satz 2 und 6 des Grundvertrags für die Staatsangehörigkeit bestünden darin, daß die von der DDR verliehene Staatsbürgerschaft von Drittstaaten als doppelte Staatsangehörigkeit angesehen werde, ohne daß dies von der Bundesrepublik verhindert werden könne; sie könne die Deutschen in der DDR auch im Ausland nicht mehr unter ihren diplomatischen Schutz nehmen.

---

20 Cieslar, Hampel, Zeitler, a.a.O., S. 198

21 wie oben, S. 199

22 Cieslar, Hampel, Zeitler, a.a.O., S. 199 - hierzu auch der von Blumenwitz angeführte Hinweis auf Bauer, Staatsangehörigkeit in der Bundesrepublik Deutschland und der Deutschen Demokratischen Republik, Diss. München 1973

## 2. Die Ausführungen der Beteiligten

Auch bei der Darstellung dieser Ausführungen wird nicht unterschieden, ob es sich um Ausführungen der Beteiligten selbst oder ihrer Bevollmächtigten, Kriele und Leverenz, gehandelt hat, und auch diese Ausführungen werden nur in verkürzter Form und soweit sie zur Interpretation des Grundvertragsurteils Bezug haben, wiedergegeben bzw. zitiert.

### a) Zum Rechtsstatus Deutschlands

Was den Rechtsstatus Deutschlands anlangt, ist die Beteiligte davon ausgegangen, dem Grundgesetz liege die Vorstellung zugrunde, Deutschland sei 1945 als Rechtssubjekt nicht untergegangen und habe auch durch die Gründung der Bundesrepublik Deutschland nicht untergehen sollen (23). Der Grundlagenvertrag halte in Übereinstimmung mit dem Grundgesetzgeber am Fortbestand Deutschlands fest (24).

(1) Das Verhältnis der Bundesrepublik Deutschland zum Rechtssubjekt Deutschland sei primär keine staatsrechtliche sondern eine völkerrechtliche Frage. Die Besatzungsmächte hätten "auch nach der Gründung der Bundesrepublik stets unterschieden zwischen der Bundesrepublik Deutschland und 'Deutschland', worunter sie das Völkerrechtssubjekt des Deutschen Reiches, das später reorganisiert werden sollte, verstanden" (25). Deshalb enthalte "das Grundgesetz keine Festlegung auf die Identitätsthese" (26). Auch aus den Einzelbestimmungen des Grundgesetzes ergäbe "sich keine Festlegung auf die Identitätsthese". Die Identitätsthese sei nicht geltendes Verfassungsrecht (27). Das Bundesverfassungsgericht habe dem Identitätsbegriff niemals die ihm gelegentlich beigegebene Bedeutung zugemessen, "sondern ausschließlich daraus gefolgert, daß die Bundesrepublik in vertragliche und sonstige Rechte und Pflichten des Deutschen Reiches eintrete" (28). Es sei von einer Identität der Rechtssubjektivität ausgegangen, nicht von einer Identität der Herrschaftsgewalt und des Gebietsstandes (29). Das Grundgesetz bringe selbst deutlich zum Ausdruck, "daß die mit der Bundesrepublik geschaffene staatliche Ordnung nur auf einen Teil des Reichsgebiets beschränkt werden konnte".

---

23 Cieslar, Hampel, Zeitler, a.a.O., S. 210

24 wie oben, S. 213

25 wie oben, S. 215

26 wie oben, S. 215

27 wie oben, S. 223

28 wie oben, S. 238

29 wie oben, S. 238

(2) Der Grundvertrag gäbe keine Anhaltspunkte dazu, daß er auf der These vom Untergang des Deutschen Reiches beruhe und auf dem Neuentstehen zweier unabhängiger Staaten auf dem Territorium des alten Reiches; sein Zweck bestehe nicht darin, "das Verhältnis der beiden deutschen Staaten zu dem fortbestehenden Deutschen Reich zu ordnen, sondern bis zum Abschluß eines Friedensvertrages mit Deutschland ein geregeltes Nebeneinander in Richtung auf ein Miteinander zu schaffen" (30). Der Grundvertrag sei beherrscht von dem Grundsatz, daß beide Staaten füreinander kein Ausland seien (31). Der Fragenbereich "Fortexistenz oder Untergang des Deutschen Reiches" falle "in die Verantwortung der Vier Mächte für Deutschland als Ganzes"; deshalb hätten die Vertragspartner insoweit auch keine Regelung treffen können (32). "Der Grundlagenvertrag" enthalte "folgerichtig auch keine völkerrechtliche Anerkennung der DDR" (33).

(3) Die Bezugnahme auf Deutschland im letzten Satz der Präambel, in Art. 23 und in Art. 116 GG sei Ausdruck der verfassungsrechtlich bindenden Vorstellung, "daß es, abgesehen von der BRD, nicht nur deutsches Land, nicht nur deutsche Menschen sondern ein Deutschland gibt" (34). Die Auffassung vom Fortbestand des Deutschen Reiches habe auch das Bundesverfassungsgericht vertreten, und zwar in den Entscheidungen BVerfGE 3, 290, 319, 320 und BVerfGE 6, 309, 338 (35). Auch nach der "einhelligen Auffassung des westlichen Völkerrechtskreises" habe Deutschland "seine Eigenschaft als Völkerrechtssubjekt niemals eingebüßt" (36). Das Grundgesetz beruhe "auf der politischen Realität Deutschlands und der BRD": "Deutschland ist das Obergreifende, die BRD ist nur ein Teil jenes Deutschlands. Mag die BRD dieses zur Zeit handlungsunfähige Deutschland auch in gewissen Bereichen vertreten bzw. repräsentieren, Deutschland und die BRD sind nicht identisch. Es widerspräche allen Regeln der Logik, daß ein Teil mit dem Ganzen identisch sein könnte" (37). Alle Deutschlandtheorien seien aus zeitgebundenen politischen Situationen entstanden, zum Teil ad hoc erdacht, um politische Zielvorstellungen juristisch zu gewanden". Keine dieser Denkmöglichkeiten habe "zu irgend einer Zeit einen Konsensus

---

30 Cieslar, Hampel, Zeitler, a.a.O., S. 237

31 wie oben, S. 237

32 wie oben, S. 237

33 wie oben, S. 237

34 wie oben, S. 241

35 wie oben, S. 241

36 wie oben, S. 241

37 wie oben, S. 241

gefunden" (38). Keine der zahlreichen Deutschlandtheorien könne "Gesetzeskraft oder gar Verfassungsrang für sich in Anspruch nehmen" (39).

b) Zur Staatsangehörigkeitsfrage

Die Beteiligte hat hierzu die Auffassung vorgetragen, die deutsche Staatsangehörigkeit bleibe durch den Grundvertrag unberührt; um jeden Zweifel darüber auszuschließen, sei durch Vorbehaltserklärung festgehalten worden, daß Staatsangehörigkeitsfragen nicht geregelt würden. Die entsprechende Erklärung der DDR, mit der sie ihrer Hoffnung Ausdruck gäbe, der Vertrag werde eine Regelung der Staatsangehörigkeitsfragen erleichtern, bestätige implizit, daß die Staatsangehörigkeitsfragen unberührt geblieben seien (40). Bei den Protokollerklärungen habe es sich "um den klaren Konsens beider Seiten darüber" gehandelt, "daß die Staatsangehörigkeitsfrage im Vertrag nicht geregelt wurde" (41).

---

38 Cieslar, Hampel, Zeitler, a.a.O., S. 242

39 wie oben, S. 242

40 wie oben, S. 212

41 wie oben, S. 246

# C. DAS GRUNDVERTRAGSURTEIL, INSBESONDERE DIE FÜR DIE DEUTSCHE STAATSANGEHÖRIGKEIT RELEVANTEN TEILE, UND DIE INTERPRETATIONSPROBLEMATIK

Aufbau und Gliederung des Urteils sollen dargestellt, und nach Darstellung und Würdigung des Urteilsinhalts, soweit er sich mittelbar oder unmittelbar auf das Rechtsinstitut der deutschen Staatsangehörigkeit bezieht, soll die Frage nach der Verbindlichkeit dieser Ausführungen geklärt werden. Hierbei wird es notwendig werden, die vom Bundesverfassungsgericht erkannte verfassungskonforme Auslegung des Grundvertrags bezüglich der deutschen Staatsangehörigkeit dahin zu prüfen, ob diese Ausführungen auslegungsbedürftig sind. Die bei Bejahung dieser Frage notwendig werdende Auslegung der Urteilsausführungen wirft die Frage nach der hierbei anzuwendenden Auslegungsmethode auf, die ebenfalls untersucht werden soll.

## I. Das Grundvertragsurteil

Das Bundesverfassungsgericht hat im Grundvertragsurteil grundlegende Aussagen zur Deutschlandfrage und zur Staatsangehörigkeitsfrage gemacht. Bevor auf diese Ausführungen eingegangen wird, sollen zunächst die hinsichtlich des Prüfungsmaßstabes, der Vertragsauslegung und der Einbeziehung der tragenden Gründe vom Bundesverfassungsgericht vertretene Auffassung sowie Aufbau und Gliederung des Urteils dargestellt werden.

### 1. Prüfungsmaßstab, Vertragsauslegung und Einbeziehung der tragenden Gründe

#### a) Prüfungsmaßstab

Das Bundesverfassungsgericht hatte im Rahmen des Normenkontrollverfahrens das Vertragsgesetz vom 6. Juni 1973 und den in ihm in Bezug genommenen Grundlagenvertrag samt Zusatzprotokoll auf seine Verfassungsmäßigkeit zu überprüfen. Hierbei hatte das Gericht die Aufgabe, das Grundgesetz verbindlich auszulegen. Diese verfassungsrechtliche Prüfung hat das Gericht unter Anwendung des Grundsatzes durchgeführt, wonach "unter mehreren möglichen Auslegungen die Auslegung zu wählen ist, nach der der Vertrag vor dem Grundgesetz Bestand hat (vgl. BVerfGE 4, 157 (168))" (1)

---

1 Urteil B) II) Ziff. 2 Abs. 2; BVerfGE 36, 14

b) Vertragsauslegung

Das Bundesverfassungsgericht hat die Vereinbarkeit des Vertragsgesetzes und damit auch des Grundvertrags samt Zusatzprotokoll mit dem Grundgesetz festgestellt. Zu diesem Ergebnis ist es gelangt, indem es davon ausgegangen ist, den Grundvertrag bei der Vertragsauslegung wie ein vom Bundesgesetzgeber erlassenes Gesetz zu behandeln und den spezifischen Grenzen für die Vertragsauslegung dadurch Rechnung zu tragen, daß es aus dem in der Präambel des Vertrags offengelegten Grunddissens zur nationalen Frage für die Vertragsauslegung "alle Konsequenzen" gezogen hat, "die die Bundesrepublik Deutschland als Vertragspartner nach dem Recht des Grundgesetzes für sich in Anspruch nehmen muß" (2).

c) Einbeziehung der tragenden Gründe

Wegen der Bedeutsamkeit des Grundvertrags in rechtlicher Hinsicht bezüglich seiner Existenz und seines Inhalts sowie der Bedeutsamkeit für die Folgeverträge hat das Bundesverfassungsgericht "alle Ausführungen der Urteilsbegründung, auch die, die sich nicht ausschließlich auf den Inhalt des Vertrags selbst beziehen", für nötig erachtet und "als Teil der die Entscheidung tragenden Gründe" erkannt (3).

2. Aufbau und Gliederung

a) Urteilstenor

Der Tenor des Urteils enthält die Formel, wonach das Vertragsgesetz - und damit auch der Grundvertrag - "in der sich aus den Gründen ergebenden Auslegung mit dem Grundgesetz vereinbar" ist. Diese Entscheidungsformel muß im Zusammenhang mit den Ausführungen des Gerichts gesehen werden, wonach "alle Ausführungen der Urteilsbegründung" als "Teil der die Entscheidung tragenden Gründe" erkannt worden sind.

b) Urteilsbegründung

Die Gründe des Urteils sind in zwei Hauptteile gegliedert, wobei der Hauptteil A die Sachdarstellung enthält, und zwar in Abschnitt I die Darstellung des Prüfungsgegenstandes - Text des Vertrages, zusätzliche Erklärungen und Vertragsgesetz - und in Abschnitt II, Unterabschnitt 1, den Normenkontrollantrag und den Sachvortrag der Antragstellerin sowie in Unterabschnitt 2 den Antrag der Bundesregierung und deren Sachvortrag.

---

2 Urteil B) VI) Ziff. 1; BVerfGE 36, 35

3 Urteil B) VI) Ziff. 2; BVerfGE 36, 36

Der Hauptteil B enthält die rechtliche Würdigung und ist in sieben Abschnitte gegliedert, die teilweise in Unterabschnitte eingeteilt sind.

(1) Der Abschnitt I behandelt die Zulässigkeit des Antrags, die bejaht worden ist, obwohl die DDR nach dem Recht des Grundgesetzes nicht Ausland sei. Art. 59 Abs. 2 GG sei anwendbar, "gleichgültig, ob der als Vertragspartner beteiligte Staat nach dem Recht des Grundgesetzes Ausland ist oder nicht".

(2) Der Abschnitt II, Unterabschnitt 1., enthält eine Darstellung des Prüfungsgegenstandes - Vertragsgesetz, Grundvertrag samt Zusatzprotokoll - mit dem Hinweis, daß die in Art. 1 des Vertragsgesetzes nicht in Bezug genommenen Teile des Vertragswerks als Gegenstand der Normenkontrolle ausscheiden, aber "als Material zur Auslegung des Vertrags herangezogen werden" können. Das Bundesverfassungsgericht läßt es dahingestellt sein, ob auch die in Art. 1 des Gesetzes in Bezug genommenen weiteren Vermerke, Vorbehalte, Erklärungen und Briefe Gegenstand des Normenkontrollverfahrens sein können, zumal sie nach ihrem Inhalt nicht mit dem Grundgesetz unvereinbar sein können; sie werden als wichtige Mittel zur Auslegung des Vertrags bezeichnet, ebenso wie die Präambel des Vertrags.

In Unterabschnitt 2. dieses Abschnittes ist festgestellt, daß Maßstab im Normenkontrollverfahren das Grundgesetz sei. Ein Vertrag schaffe weder materielles Verfassungsrecht noch könne er zur Auslegung des Grundgesetzes herangezogen werden; ein Vertrag, der mit dem geltenden Verfassungsrecht im Widerspruch stehe, könne nur durch eine entsprechende Verfassungsänderung mit dem Grundgesetz in Einklang gebracht werden. Grundsatz für die verfassungsrechtliche Prüfung sei es, unter mehreren möglichen Auslegungen die zu wählen, nach der der Vertrag vor dem Grundgesetz Bestand habe. Zu den bedeutsamen Auslegungsgrundsätzen gehöre außerdem, daß bei Auslegung von Verfassungsbestimmungen, die sich auf Beziehungen der Bundesrepublik mit anderen Staaten beziehen, deren schrankensetzender, also Spielraum für die politische Gestaltung lassender Charakter nicht außer Betracht bleiben dürfe. Der Grundsatz des judicial self-restraint bedeute keine Verkürzung oder Abschwächung der verfassungsgerichtlichen Konsequenz, er ziele darauf ab, "den von der Verfassung für die anderen Verfassungsorgane garantierten Raum freier politischer Gestaltung offen zu halten".

Schließlich ist unter diesem Abschnitt die Pflicht der Verfassungsorgane zu gegenseitiger Rücksichtnahme hervorgehoben, wobei darauf hingewiesen ist, es sei mit der Entscheidung des Grundgesetzes für eine umfassende Verfassungsgerichtsbarkeit unvereinbar, "daß die Exekutive ein beim Bundesverfassungsgericht anhängiges Verfahren überspielt".

(3) In Abschnitt III behandelt das Bundesverfassungsgericht die Aussagen des Grundgesetzes zum Rechtsstatus Deutschlands. Im Unterabschnitt 1. gibt das Gericht eine Interpretation der Grundgesetzbestimmungen zum Rechtsstatus Deutschlands und im Unterabschnitt 2. zum Wiedervereinigungsgebot und Selbstbestimmungsrecht. Im Unterabschnitt 3. stellt das

Gericht fest, der Vertrag könne "so interpretiert werden, daß er mit keiner der dargelegten Aussagen des Grundgesetzes in Widerspruch gerät".

(4) Der Abschnitt IV behandelt im Unterabschnitt 1. den Vertrag im Rahmen der "von der Bundesregierung auf Entspannung angelegten Ostpolitik" und als Teil derselben; der Vertrag sei zwar keine endgültige Lösung der deutschen Frage aber "die ernsthaft gewollte neue Grundlage für die Bestimmung des Verhältnisses der beiden Staaten zueinander". Für die "Vielzahl von rechtlichen Konkretisierungen des neuen Neben- und Miteinander der beiden Staaten" weist das Bundesverfassungsgericht zur Klarstellung darauf hin, jeder dieser weiteren rechtlichen Schritte müsse grundgesetzgemäß sein, weshalb es das Gericht schon in diesem Normenkontrollverfahren für geboten halte, die verfassungsrechtlichen Grenzen aufzuzeigen. Unterabschnitt 2. behandelt die zu beachtende Einbettung des Vertrags in besondere Rechtsverhältnisse, nämlich Charta der Vereinten Nationen und früher abgeschlossene Verträge sowie die Deutschland als Ganzes betreffenden Vier Mächte-Vereinbarungen. Schließlich werden im Unterabschnitt 3. die Merkmale dargelegt, durch die das Besondere des Vertrags begründet wird.

(5) Der Abschnitt V behandelt in neun Unterabschnitten folgende Punkte: Brief zur deutschen Einheit und Wiedervereinigungsgebot; die Grenzfrage; die Beschränkung der Hoheitsgewalt; die Bestimmung des Art. 23 GG und dessen Fortgeltung; die Staatsangehörigkeitsfrage und die daraus sich ergebende Schutzpflicht; den Protokollvermerk zu Vermögensfragen; die Fürsorgepflicht; die Rechtslage Berlins; die Folgeverträge und Grundrechte.

(6) In Abschnitt VI weist das Bundesverfassungsgericht in drei Unterabschnitten zur Klarstellung der Bedeutung der Urteilsbegründung auf folgendes hin: Den bei der Vertragsauslegung zu beachtenden Grundsatz; die Einbeziehung der gesamten Gründe in den Tenor als tragende Gründe; die Umstände, die bei der völkerrechtlichen Auseinandersetzung zu beachten sind.

(7) Der Abschnitt VII besteht aus nur einem Satz, der besagt, daß die Entscheidung einstimmig ergangen sei.

### 3. Der auf die deutsche Staatsangehörigkeit bezogene Inhalt des Grundvertragsurteils

Da es zum Wesen der Staatsangehörigkeit gehört, daß sie "untrennbar auf einen bestimmten Staat bezogen und in ihrem Bestand bedingt" ist (4), und

---

4 Rumpf, Die deutsche Staatsangehörigkeit nach dem Grundvertrag, in: ZRP 1974 S. 201 ff (201) mit Hinweis in Anm. 6 auf Böckenförde, Die Teilung Deutschlands und die deutsche Staatsangehörigkeit, Epirrhosis, Festgabe für Carl Schmitt 1968, S. 423 ff; vgl. auch oben, S. 10

daß eine Staatsangehörigkeit ohne Staat sich "in ein rechtliches Nichts auflösen" würde (5), ist es erforderlich, nicht nur die Ausführungen des Grundvertragsurteils, die sich mit der deutschen Staatsangehörigkeit unmittelbar befassen (6), in Betracht zu ziehen, sondern auch die Teile der Urteilsbegründung, mit denen der Rechtsstatus Deutschlands behandelt wird (7). Der Darstellung des die deutsche Staatsangehörigkeit betreffenden Urteilsinhalts sollen die von den Verfahrensbeteiligten hierzu vorgetragenen Auffassungen gegenübergestellt werden.

a) Die Urteilsausführungen zum Rechtsstatus Deutschlands

(1) Wegen ihrer Bedeutung seien die ersten Sätze der hierzu gemachten Ausführungen des Bundesverfassungsgerichts zitiert:

> "Das Grundgesetz - nicht nur eine These der Völkerrechtslehre und der Staatsrechtslehre! - geht davon aus, daß das Deutsche Reich den Zusammenbruch 1945 überdauert hat und weder mit der Kapitulation noch durch Ausübung fremder Staatsgewalt in Deutschland durch die alliierten Okkupationsmächte noch später untergegangen ist; das ergibt sich aus der Präambel, aus Art. 16, Art. 23, Art. 116 und Art. 146 GG. Das entspricht auch der ständigen Rechtsprechung des Bundesverfassungsgerichts, an der der Senat festhält. Das Deutsche Reich existiert fort (BVerfGE 2, 266 (277); 3, 288 (319 f); 5, 85 (126); 6, 309 (336, 363)), besitzt nach wie vor Rechtsfähigkeit, ist allerdings als Gesamtstaat mangels Organisation, insbesondere mangels institutionalisierter Organe selbst nicht handlungsfähig. Im Grundgesetz ist auch die Auffassung vom gesamtdeutschen Staatsvolk und von der gesamtdeutschen Staatsgewalt 'verankert' (BVerfGE 2, 266 (277)). Verantwortung für 'Deutschland als Ganzes' tragen - auch - die vier Mächte (BVerfGE 1, 351 (262 f, 367)). (8)"

Das Bundesverfassungsgericht führt weiter aus, die Bundesrepublik Deutschland sei als Staat identisch mit dem Staat Deutsches Reich, in Bezug auf die räumliche Ausdehnung des Deutschen Reiches allerdings teilidentisch, und was ihr Staatsvolk anlange, umfasse die Bundesrepublik nicht das ganze Deutschland, unbeschadet dessen, daß sie ein einheitliches Staatsvolk Deutschlands anerkenne, zu dem ihre eigene Bevölkerung als untrennbarer Teil gehöre. Die Deutsche Demokratische Republik gehöre zu Deutschland und könne im Verhältnis zur Bundesrepublik Deutschland nicht als Ausland angesehen werden.

---

5 Böckenförde, Die Teilung Deutschlands und die deutsche Staatsangehörigkeit a.a.O., S. 430

6 Urteil B) V) Ziff. 5; BVerfGE 36, 29 f

7 Urteil B) III) Ziff. 1; BVerfGE 36, 15 f

8 Urteil B) III) Ziff. 1; BVerfGE 36, 15 f

(2) Nach Auffassung des Bundesverfassungsgerichts kann der Grundvertrag so interpretiert werden, daß er mit dieser zum Rechtsstatus Deutschlands dargelegten Interpretation des Grundgesetzes nicht in Widerspruch gerate. Keine amtliche Äußerung könne dahin verstanden werden, daß die Bundesrepublik Deutschland bei der Interpretation des Grundvertrags diesen verfassungsrechtlichen Boden verlassen habe.

(3) Das Bundesverfassungsgericht hat mit diesen Ausführungen zum Rechtsstatus Deutschlands die Rechtsauffassung der Antragstellerin bestätigt, wonach dem Grundgesetz die Rechtsvorstellung vom Fortbestand des Deutschen Reiches zugrunde liege und die Bundesrepublik Deutschland mit dem Deutschen Reich identisch ist, wenn auch hinsichtlich der räumlichen Ausdehnung nur teilidentisch. Es zeigt sich eine bemerkenswerte Übereinstimmung der Interpretation zum Rechtsstatus Deutschlands durch die Antragstellerin (9) mit der vom Bundesverfassungsgericht erkannten (10). Dagegen weicht die Interpretation des Grundvertrags durch die Antragstellerin von der des Bundesverfassungsgerichts entscheidend ab. Während das Bundesverfassungsgericht den Grundvertrag so interpretiert, daß er nicht im Widerspruch stehe zu der zum Rechtsstatus Deutschlands erkannten Interpretation des Grundgesetzes, also nicht im Widerspruch zur Fortexistenzthese und zur Identitätsauffassung, hat die Antragstellerin die Auffassung vertreten, der Grundvertrag stehe im Widerspruch zu dieser Interpretation; denn er könne nur so verstanden werden, daß er vom Untergang des Deutschen Reiches ausgehe, er besiegele den Abschluß eines Sezessions- oder Dismembrationsprozesses, und er sei deshalb verfassungswidrig, da jedes Zweistaatenmodell mit dem dem Grundgesetz zugrunde liegenden Staatsbegriff unvereinbar sei.

(4) Die von der Beigeladenen vertretene Rechtsauffassung zum Rechtsstatus Deutschlands entspricht dagegen nicht der vom Bundesverfassungsgericht erkannten. Das gilt hinsichtlich der Identitätsauffassung, die die Beigeladene ausdrücklich abgelehnt hat. Andererseits hat aber das Bundesverfassungsgericht im Ergebnis die von der Beigeladenen vorgetragene Auffassung bestätigt, wonach sich der Status der DDR im Verhältnis zur Bundesrepublik Deutschland durch den Grundvertrag nicht geändert habe, und wonach der Grundvertrag mit dem Grundgesetz vereinbar sei.

(5) Das Bundesverfassungsgericht leitet die Vereinbarkeit des Grundvertrags mit dem Grundgesetz und der verfassungsgerichtlichen Interpretation zum Rechtsstatus Deutschlands ab aus der Besonderheit der zwischen den beiden Staaten bestehenden Beziehungen. Das Besondere dieses Vertrages ist es nach dieser auch von der Beigeladenen vertretenen Auffassung, daß er abgeschlossen wurde "zwischen zwei Staaten, die Teile eines noch im-

---

9 Vgl. hierzu oben, S. 36

10 siehe oben, S. 46

mer existierenden, wenn auch handlungsunfähigen, weil noch nicht reorganisierten, umfassenden Staates Gesamtdeutschland mit einem einheitlichen Staatsvolk sind". Der Vertrag regele "vor allem inter-se-Beziehungen". Die Auffassung der Antragstellerin, durch den Grundvertrag sei ein mit der grundgesetzlichen Ordnung unvereinbares Zweistaatenmodell sanktioniert, sei deshalb unrichtig.

b) Die Urteilsausführungen zur Staatsangehörigkeitsfrage

(1) Die Untersuchung der Vereinbarkeit des Grundvertrags mit den grundgesetzlichen Staatsangehörigkeitsregelungen in Art. 16 und 116 Abs. 1 GG leitet das Bundesverfassungsgericht mit dem Hinweis auf die zur Staatsangehörigkeitsfrage von der Bundesregierung zu Protokoll abgegebene Erklärung ein und führt dazu aus, daß eine Regelung nicht getroffen worden sei, habe "die Frage nicht ausgeräumt, ob der Vertrag nicht Auswirkungen auf die Staatsangehörigkeit im Sinne des Art. 16 und des Art. 116 Abs. 1 GG hat und welche dieser Auswirkungen im Widerspruch mit den genannten grundgesetzlichen Vorschriften steht".

(2) Mit diesen Ausführungen hat das Gericht hinsichtlich der Protokollerklärungen der Vertragsparteien die von der Antragstellerin vorgetragene Auffassung für zutreffend erachtet, und es ist insoweit der von der Beteiligten vertretenen Auffassung nicht gefolgt, wonach es, wie diese meint, wegen der Protokollerklärungen nicht erforderlich sei zu untersuchen, ob die deutsche Staatsangehörigkeit durch den Grundvertrag berührt werde.

(3) Sodann führt das Bundesverfassungsgericht aus, Art. 16 GG gehe davon aus, daß "die 'deutsche Staatsangehörigkeit', die auch in Art. 116 Abs. 1 GG in Bezug genommen ist, zugleich die Staatsangehörigkeit der Bundesrepublik Deutschland ist", und daß "deutscher Staatsangehöriger im Sinne des Grundgesetzes also nicht nur der Bürger der Bundesrepublik Deutschland" ist. Aus der mit dem Status des Staatsangehörigen verbundenen Schutzpflicht des Heimatstaates folgert das Gericht, daß "der Status des Deutschen im Sinne des Grundgesetzes, der die deutsche Staatsangehörigkeit besitzt, durch keine Maßnahme, die der Bundesrepublik Deutschland zuzurechnen ist, gemindert oder verkürzt werden" darf. Das Gericht hat dies noch wie folgt verdeutlicht: "Jedenfalls: Müßte der Vertrag dahin verstanden werden, daß die Bürger der Deutschen Demokratischen Republik im Geltungsbereich des Grundgesetzes nicht mehr als Deutsche im Sinne des Art. 16 und des Art. 116 Abs. 1 GG behandelt werden dürften, so stünde er eindeutig im Widerspruch zum Grundgesetz".

(4) Im Anschluß hieran hat das Bundesverfassungsgericht zur Auslegung des Grundvertrags ausgeführt, der Vertrag bedürfe daher, "um verfassungskonform zu sein, der Auslegung, daß die Deutsche Demokratische Republik auch in dieser Beziehung nach dem Inkrafttreten des Vertrags für die Bundesrepublik Deutschland nicht Ausland geworden ist", und der Vertrag bedürfe weiter der Auslegung, "daß - unbeschadet jeder Regelung des Staatsangehörigkeitsrechts in der Deutschen Demokratischen Republik -

die Bundesrepublik Deutschland jeden Bürger der Deutschen Demokratischen Republik, der in den Schutzbereich der Bundesrepublik und ihrer Verfassung gerät, gemäß Art. 116 Abs. 1 und 16 GG als Deutschen wie jeden Bürger der Bundesrepublik behandelt". Schließlich folgert das Gericht aus der besonderen Natur des Vertrags, er sei auch nicht unvereinbar "mit der nach dem Grundgesetz der Bundesregierung aufgegebenen Pflicht, allen Deutschen im Sinne des Art. 116 Abs. 1 GG Schutz und Fürsorge angedeihen zu lassen". Hierbei gäbe es "für die Bundesrepublik Deutschland auch künftig keinen rechtlichen Unterschied zwischen den Bürgern der Bundesrepublik Deutschland und 'den anderen Deutschen'".

(5) Damit hat das Bundesverfassungsgericht die von der Antragstellerin aus den Bestimmungen der Art. 1, 2 und 6 des Grundvertrags abgeleitete Auffassung nicht anerkannt, wonach sich aus diesen Bestimmungen eine mittelbare Regelung der Staatsangehörigkeitsfrage ergäbe, die im Gegensatz zu der im Grundgesetz festgehaltenen einheitlichen deutschen Staatsangehörigkeit stehe. Die Antragstellerin hat ihre Auffassung daraus hergeleitet, daß durch den Abschluß des Grundvertrags der Rest gesamtdeutscher Staatlichkeit entfallen sei, was zur Folge habe, daß die alte Staatsangehörigkeit - beim Untergang eines Altstaates und der Bildung eines Neustaates - automatisch erlösche. Diese mittelbare Auswirkung des Grundvertrags hat das Gericht jedoch verneint. Seine Auffassung vom Fortbestand der deutschen Staatsangehörigkeit gründet es auf die durch Auslegung des Grundgesetzes erkannte Auffassung von der Fortexistenz des Staates Deutsches Reich und der Identität der Bundesrepublik Deutschland mit diesem Staat, eine Auffassung, der der Grundvertrag - um verfassungskonform zu sein - nicht entgegenstehen dürfe und der er auch nach Auslegung durch das Gericht nicht entgegenstehe.

## 4. Die Bindungswirkung des Grundvertragsurteils

Ob und inwieweit das Grundvertragsurteil für die deutsche Staatsangehörigkeit, ihre Funktion und ihren Bestand, Auswirkung und Bedeutung hat, hängt nicht nur von den Urteilsausführungen und deren Interpretation ab sondern auch davon, ob eine und ggf. welche Bindungswirkung dem Urteil zukommt.

### a) Die Gesetzeskraft der Normenkontrollentscheidung

Das Grundvertragsurteil gehört zu der Gruppe von Entscheidungen, denen nach § 31 Abs. 2 Satz 1 BVerfGG Gesetzeskraft zukommt. Das bedeutet aber nicht, daß eine solche Entscheidung des Bundesverfassungsgerichts auf Grund dieser Wirkung selbst zum Gesetz würde und wie ein Gesetz zu behandeln sein würde (11). Vielmehr bedeutet es nach ganz herrschender

---

11 Lechner, Bundesverfassungsgerichtsgesetz, Anm. 1 zu § 31 Abs. 2 BVerfGG, sowie Sachs, Die Bindung des Bundesverfassungsgerichts an seine Entscheidungen, S. 297

Meinung, daß die Entscheidung gegenüber jedermann wirksam ist und "Allgemeinverbindlichkeit" hat (12). Danach beinhaltet die Gesetzeskraft die Rechtskraft inter omnes sowie die entsprechende Inter-Organ-Bindung der nicht in eigenen Rechten betroffenen rechtsanwendenden Instanzen (13). Diese Wirkung kommt dem Tenor der im Normenkontrollverfahren ergehenden Entscheidungen des Bundesverfassungsgerichts zu.

b) Die Feststellung der verfassungskonformen Auslegung

(1) Da in dem Tenor des Grundvertragsurteils die verfassungskonforme Auslegung dergestalt enthalten ist, daß der Grundvertrag "in der sich aus den Gründen ergebenden Auslegung" als mit dem Grundgesetz vereinbar erkannt worden ist - die Vereinbarkeit ist im Tenor auf das Vertragsgesetz bezogen, damit aber zugleich auch auf den Grundvertrag als eigentlichen Gegenstand der Entscheidung -, kann gesagt werden, daß die verfassungskonforme Auslegung des Vertrags als gesetzeskräftig festgestellt anzusehen ist (14). Es ist aber zu bedenken, daß grundsätzlich nur die im Tenor enthaltene Entscheidung über den Verfahrensgegenstand von der Gesetzeskraft als einer Rechtskraftwirkung erfaßt wird, also nur die Entscheidung der Vereinbarkeit der geprüften Norm - hier des Grundvertrags - mit dem Grundgesetz. Diese Feststellung der Vereinbarkeit als Inhalt der tenorierten Entscheidung wird auf die verfassungskonforme Auslegung des Grundvertrags bezogen und stellt keine Erweiterung der Entscheidung dar sondern eine Einschränkung des Entscheidungsgegenstandes, nämlich dahin, daß der Grundvertrag verfassungskonform ist in der vom Gericht erkannten Auslegung (15).

---

12 Sachs a.a.O., S. 298 und Fn. 60 dort mit weiteren Nachweisen; Sachs hat das Verhältnis dieser Allgemeinverbindlichkeit zur materiellen Rechtskraft untersucht und ist zu dem Ergebnis gekommen, daß materielle Rechtskraft inter omnes sowohl die allgemeine Anerkennung der Entscheidung als auch ihre Sicherung vor Abweichungen des Bundesverfassungsgerichts selbst zu gewährleisten vermag, und daß bei Anerkennung der Rechtskraft die Funktion der Gesetzeskraft die Rechtskraftbindung aller Betroffenen trotz fehlender Verfahrensbeteiligung erlaubt; vgl. hierzu S. 303 und 305

13 Sachs a.a.O., S. 306

14 Vgl. hierzu Sachs a.a.O., S. 314 mit Hinweisen in Anm. 178 dort auf Oppermann, JZ 1973, 594, 595; Weber, H., JuS 1973, 713, 716; wohl auch Kimminich, DVBl. 1973, 657, 658; ders. in: BK, Anhang: Grundvertrag, Erläuterungen Rdnr. 164. Sachs bemerkt hierzu, in dieser Erläuterung werde nur noch davon gesprochen, die Entscheidungsgründe seien zur Auslegung des Tenors erforderlich und hätten insoweit an der Gesetzeskraft teil; dem könne allerdings nur bei richtigem Verständnis dieser "Teilhabe" zugestimmt werden.

15 Vgl. hierzu Sachs, a.a.O., S. 315

(2) Zur Überprüfung der Verfassungsmäßigkeit der Norm - des Grundvertrags - muß zunächst der Inhalt des Prüfungsgegenstandes ermittelt werden. Dies geschieht durch Auslegung. Mithin war vom Bundesverfassungsgericht der Grundvertrag als Gegenstand der Normenkontrolle auszulegen. Gleichzeitig waren aber auch die Grundgesetzbestimmungen auszulegen, an denen die Vereinbarkeit des Vertrags zu messen war. Das Bundesverfassungsgericht hat den Vertrag so ausgelegt, daß er mit dem ebenfalls durch Auslegung erkannten und konkretisierten Inhalt der für die Vereinbarkeitsprüfung in Betracht zu ziehenden Grundgesetzbestimmungen nicht in Widerspruch geriet und mithin als mit dem Grundgesetz vereinbar festgestellt werden konnte.

(3) Es fragt sich allerdings, ob eine im Urteil erkannte verfassungsgerichtliche Auslegung als die einzige verfassungskonforme angesehen werden kann, oder ob noch andere Auslegungsvarianten möglich sind, deren Verfassungskonformität ebenfalls zu bejahen sein würde. Die Antwort auf diese Frage ist umstritten. Einerseits wird eine im Urteil erkannte Auslegung als die einzige verfassungskonforme erachtet (16), andererseits wird die Feststellung der Verfassungskonformität anderer Auslegungen für möglich gehalten und aus der Überlegung gefolgert, daß sämtliche Auslegungsvarianten nicht zu überblicken seien (17). Im letzteren Fall wird man davon ausgehen müssen, daß mit der Feststellung der Vereinbarkeit in der zugrunde gelegten Auslegung weder über die Vereinbarkeit in anderer Auslegung positiv noch im negativen Sinne entschieden ist.

(4) Das Besondere des Grundvertragsurteils ist es, daß das Bundesverfassungsgericht darin als Maßstab zur Auslegung des Grundvertrags fundamentale Bestimmungen des Grundgesetzes durch Interpretation zu konkretisieren hatte, und zwar Bestimmungen hinsichtlich des Rechtsstatus Deutschlands und der Staatsangehörigkeitsregelung. Diese verfassungsgerichtliche Festlegung der deutschlandrechtlichen Grundkonzeption des Grundgesetzes und im Zusammenhang damit der staatsangehörigkeitsrechtlichen Grundgesetzbestimmungen kann nicht als abänderbar angesehen werden. Das gilt jedenfalls, solange ein diese Grundkonzeption ergreifender Bedeutungswandel der Verfassungsnormen nicht erfolgt ist und nicht anerkannt werden kann. Wollte man eine jederzeitige Abänderung entgegen dieser Auffassung für möglich halten, dann würde dies bedeuten, daß das Grundgesetz in seinem Wesenskern aufgelöst und zerstört würde. Auch eine Nuancierung der erfolgten Festlegung würde diese Gefahr in sich ber-

---

16 Bogs, Die Bindung des Fallrichters an eine verfassungskonforme Gesetzesauslegung des Normenkontrollrichters, in: DVBl. 1965, S. 633, 634 nimmt an, wenn ein Gesetz verfassungskonform ausgelegt werde, werde damit "zugleich ausgesprochen, daß eine bestimmte andere, auch mögliche Gesetzesauslegung der Verfassung widerspricht".

17 Vgl. Sachs, a.a.O., S. 317

gen. Man muß deshalb davon ausgehen, daß die deutschlandrechtliche Grundkonzeption - so wie sie vom Bundesverfassungsgericht im Grundvertragsurteil konkretisiert worden ist - einer Aufhebung oder Abänderung entzogen ist (18). Deshalb kann man diese Auslegung des Grundgesetzes als unabänderbar bezeichnen.

(5) Soweit es sich um die verfassungsgerichtliche Auslegung des Grundvertrags selbst handelt, muß man davon ausgehen, daß diese Auslegung von dem in der Präambel des Vertrags enthaltenen Dissens und von der Protokollerklärung zur Staatsangehörigkeitsfrage abgeleitet werden mußte, um eine Vereinbarkeit des Vertragsinhalts mit der erkannten Grundgesetzauslegung zu erzielen. Dabei sind anderweite Auslegungsvarianten hinsichtlich der Vertragsauslegung nicht zu erkennen, jedenfalls dann nicht, wenn als Ziel der Auslegung die Feststellung der Verfassungskonformität anzusehen ist.

c) Die Bedeutung der im Grundvertragsurteil erkannten verfassungskonformen Vertragsauslegung

Die Auslegung betrifft sowohl das Grundgesetz als auch den Grundvertrag. Wenn man die Unabänderbarkeit dieser Auslegung feststellt und davon ausgeht, daß die im Urteil erkannte Auslegung - soweit es sich um die deutschlandrechtliche Grundkonzeption des Grundgesetzes und im Zusammenhang damit auch um die Staatsangehörigkeitsfrage handelt - die einzige ist, die als verfassungskonform anzusehen ist, dann kann es dahingestellt bleiben, ob diese Auslegung unmittelbar in Rechtskraft erwächst oder als Ausstrahlung des Tenors nur mittelbar an der Rechtskraft teilhat. Auf alle Fälle liegt die Bedeutung der die deutschlandrechtliche Grundkonzeption des Grundgesetzes und die Staatsangehörigkeitsfrage betreffenden Auslegung darin, daß sie durch den Tenor des Grundvertragsurteils oder vermittels desselben Allgemeinverbindlichkeit erlangt hat.

## II. Die Interpretationsproblematik

Die Allgemeinverbindlichkeit der vom Bundesverfassungsgericht im Grundvertragsurteil vorgenommenen Auslegung des Grundgesetzes zum Rechtsstatus Deutschlands und zur deutschen Staatsangehörigkeit läßt es geboten erscheinen, den Inhalt dieser Auslegung zu untersuchen und soweit zulässig und erforderlich zu interpretieren. Eine Notwendigkeit hierzu kann auch darin erblickt werden, daß mit der deutschen Staatsangehörigkeit wichtige

---

18 siehe oben S. 30

Funktionen im innerstaatlichen Bereich und in völkerrechtlicher Hinsicht verbunden sind. Schließlich kann für die aus diesen Funktionen sich ergebende praktische Anwendung der staatsangehörigkeitsrechtlichen Bestimmungen eine Verdeutlichung derselben hilfreich sein.

Vor dieser Untersuchung sind folgende Probleme zu klären:

(1) Ist eine Interpretation der verfassungsgerichtlichen Auslegung zulässig und erforderlich?

(2) Welche Auslegungsmethode muß angewandt werden?

(3) Gibt es für die Auslegung der deutschlandrechtlichen Grundkonzeption und der Staatsangehörigkeitsregelung eine spezifische Auslegungsmethode?

1. Frage nach der Zulässigkeit und Erforderlichkeit einer Interpretation der verfassungsgerichtlichen Auslegung

a) Gegen Zulässigkeit sprechende Argumente

(1) Gegen die Zulässigkeit einer Interpretation von verfassungsgerichtlichen Auslegungen könnte geltend gemacht werden, daß in allen Fällen, in denen der Urteilstenor allein maßgebend ist, eine Auslegung ohnehin nicht erforderlich ist. Rechtsklarheit und Rechtssicherheit gebieten, den Tenor eines Urteils hinzunehmen wie er ist, und es zu unterlassen, daran herumzudeuteln. Bei Urteilen, die im Tenor die Verfassungswidrigkeit eines Gesetzes oder einer Gesetzesbestimmung feststellen, ist bei der Eindeutigkeit einer solchen Feststellung für eine Auslegung kein Raum, zumal in einem solchen Fall die Urteilsgründe keine Rechtskraftwirkung haben. Zwar kann die Urteilsbegründung zum Verständnis der Entscheidung herangezogen werden. Das ändert jedoch nichts daran, daß die darin enthaltenen Ausführungen dahingestellt bleiben können, weil sie nicht in Rechtskraft erwachsen, keine Bindungswirkung haben, und weil ihnen auch keine Präjudizienwirkung zukommt.

(2) Aber auch Urteile im Normenkontrollverfahren, bei denen die Gründe in den Tenor einbezogen sind, können ohne Auslegung bestehen, sofern die Gründe völlig eindeutig sind. Soweit bei Mehrdeutigkeit der Gründe deren Anwendung oder Übertragung auf die Praxis nur mit äußerster Zurückhaltung und nur insoweit möglich ist, als dies auch ohne Einbeziehung der nicht ganz eindeutigen Ausführungen möglich sein würde, kann eine Auslegung ebenfalls entfallen.

b) Für Zulässigkeit sprechende Argumente

(1) Wenn man unter Auslegung oder Interpretation die Verdeutlichung einer Urteilsaussage versteht, dann ist nicht einzusehen, weshalb es nicht zulässig sein sollte, Urteilsausführungen, die selbst eine Auslegung enthalten, zu interpretieren. Nur muß bedacht werden, daß es nicht die Aufgabe

einer Interpretation von Urteilsausführungen sein darf, diesen einen anderen Sinn und Inhalt zu geben. Jede Änderung des durch verfassungsgerichtliche Auslegung konkretisierten Verfassungsinhalts muß bei dessen Auslegung unterbleiben. Unter dieser Prämisse kann gegen die Zulässigkeit nichts eingewandt werden.

(2) Interpretation darf aber immer nur dann erfolgen, wenn sie erforderlich ist, und dies wiederum ist dann der Fall, wenn die verfassungsgerichtliche Auslegung nicht vollständig ist, so daß Lücken durch Interpretation geschlossen werden müssen, oder wenn die Urteilsausführungen einer Verdeutlichung bedürfen. Diese Suche nach Verständnis dessen, was mit einer nicht ohne weiteres verständlichen, weil nicht ganz eindeutigen, Urteilsausführung gemeint sei, also die Verdeutlichung der Urteilsausführungen, kann nur im Weg der Auslegung bewältigt werden.

2. Frage nach der Auslegungsmethode

Die im Grundvertragsurteil erfolgte verfassungsgerichtliche Auslegung des Grundgesetzes zum Rechtsstatus Deutschlands und zur deutschen Staatsangehörigkeit muß im Rahmen der Interpretation dieser Urteilsausführungen nachvollzogen werden. Deshalb ist es erforderlich, die vom Bundesverfassungsgericht für die Verfassungsauslegung entwickelten und im Grundvertragsurteil angewandten Grundsätze in die Betrachtung einzubeziehen. Es handelt sich um folgende Grundsätze:

(1) Den Grundsatz der verfassungskonformen Auslegung,
(2) den Grundsatz des schrankensetzenden Charakters der Grundgesetzbestimmungen und
(3) den Grundsatz der Einheit der Verfassung.

a) Der Grundsatz der verfassungskonformen Auslegung

Diesen Auslegungsgrundsatz hat das Bundesverfassungsgericht erstmals beim Saar-Urteil (19) angewandt; er besagt, "daß unter mehreren möglichen Auslegungen die Auslegung zu wählen ist, nach der der Vertrag vor dem Grundgesetz Bestand hat" (20). Die im Grundvertragsurteil erkannte Vertragsauslegung berücksichtigt diesen Grundsatz. Seine Anwendung ist ein Ausfluß des judicial self-restraint, "den sich das Bundesverfassungsgericht auferlegt"; denn mit der Auswahl einer Vertragsauslegung, nach der der Vertrag vor dem Grundgesetz Bestand hat, wird dem Grundsatz Rechnung getragen, "den von der Verfassung für die anderen Verfassungsorgane garantierten Raum freier politischer Gestaltung offen zu halten" (21).

---

19 BVerfGE 4, 157, 168

20 Urteil B) II) 2 Abs. 2; BVerfGE 36, 14

21 Urteil B) II) Ziff. 2 Abs. 2; BVerfGE 36, 14

b) Der Grundsatz des schrankensetzenden Charakters der Grundgesetzbestimmungen

Das Bundesverfassungsgericht hat im Grundvertragsurteil ausgeführt, daß es in Verbindung mit der verfassungsrechtlichen Prüfung von Verträgen zu den bedeutsamen Auslegungsgrundsätzen gehöre, "daß bei der Auslegung von Verfassungsbestimmungen ... deren schrankensetzender ... Charakter nicht außer Betracht bleiben darf" (22). Es hat hierzu besonders hervorgehoben, daß die Durchsetzung der Verfassungsordnung letztlich ihm obliege, und daß der Grundsatz des judicial self-restraint nicht eine Verkürzung oder Abschwächung seiner verfassungsrechtlichen Prüfungskompetenz bedeute.

c) Der Grundsatz der Einheit der Verfassung

Das Bundesverfassungsgericht hat in seiner Rechtsprechung diesen Auslegungsgrundsatz als den vornehmsten bezeichnet: "Die Einheit der Verfassung als eines logisch-teleologischen Sinngebildes" (23). Danach kann eine einzelne Verfassungsbestimmung nicht isoliert betrachtet werden sondern muß gesehen werden "in einem Sinnzusammenhang mit den übrigen Vorschriften der Verfassung, die eine innere Einheit darstellt" (24). Die einzelnen Artikel des Grundgesetzes sind so auszulegen, daß sie "mit den elementaren Grundsätzen des Grundgesetzes, insbesondere den Grundrechten, und seiner Wertordnung vereinbar sind (vgl. BVerfGE 1, 14 (32); 7, 198 (205))" (25).

Im Grundvertragsurteil hat das Bundesverfassungsgericht auch diesen Auslegungsgrundsatz angewandt und insbesondere seine die deutsche Staatsangehörigkeit betreffenden Ausführungen aus dem Gesamtinhalt der Verfassung und aus den verfassungsrechtlichen Grundentscheidungen abgeleitet. Dieser Zusammenhang ist deshalb auch bei Auslegung der Urteilsausführungen zu bedenken und zu beachten.

3. Frage nach einer für das Grundvertragsurteil spezifischen Auslegungsmethode

a) Die im Urteil enthaltene Zielvorstellung

Das Bundesverfassungsgericht hat das Grundvertragsurteil zum Anlaß genommen, grundsätzliche Ausführungen über "das Wesen einer rechtsstaat-

---

22 Urteil B) II) Ziff. 2 Abs. 2; BVerfGE 36, 14

23 BVerfGE 19, 206, (220)

24 BVerfGE 1, 14 (32)

25 BVerfGE 19, 206, (220)

lichen Ordnung, wie sie das Grundgesetz konstituiert hat", zu machen (26), indem es die verbindliche Auslegung des Grundgesetzes als seine Sache bezeichnet hat, auf die durch das Grundgesetz jeder politischen Macht gezogenen rechtlichen Schranken und darauf verwiesen hat, daß die Durchsetzung dieser Verfassungsordnung letztverbindlich ihm obliege. Damit hat das Gericht das bedeutsame Verfassungsziel des geltenden Rechtsstaatsprinzips hervorgehoben, in dessen Rahmen auch das Gebot der Wiederherstellung der staatlichen Einheit Deutschlands einzubeziehen ist. Diese Zielvorstellung ist aufgebaut auf der verfassungsrechtlichen Grundkonzeption von der Fortexistenz Deutschlands als Völkerrechtssubjekt und als Bezugsobjekt für das Recht der deutschen Staatsangehörigkeit. Man kann diese verfassungsrechtliche Zielvorstellung auch unter den Begriff der Staatszielbestimmung (27) einordnen.

Mit der Aussage, daß Auslegung und Durchsetzung der Verfassungsordnung dem Bundesverfassungsgericht letztverbindlich obliegen, ist eine Klarstellung erfolgt, die im Hinblick auf die Zielvorstellung von Bedeutung ist. Das gilt deshalb, weil das Grundgesetz "bedingt durch die spezifische historische Situation, in der (es) 1949 entstand(en) ist", eine "Reihe von Bestimmungen mit außen- und deutschlandpolitischen Zielsetzungen, so insbesondere die Präambel, die Art. 23, 24 und 26 GG sowie Art. 116 in Verbindung mit Art. 16 GG (enthält), die die Außenpolitik der Bundesrepublik über das sonst bei einer Verfassung übliche Maß hinaus inhaltlich festlegen" (28).

---

26 Urteil B) II) Ziff. 2 Abs. 2; BVerfGE 36, 14

27 H. P. Ipsen, Über das Grundgesetz, 1950, S. 14, hat diesen Begriff in Verbindung mit der Formel vom sozialen Rechtsstaat angewandt; vgl. hierzu auch Scheuner a. a. O. (oben S. 2 Anm. 5), der den Begriff der Staatszielbestimmung als einen besonderen Unterfall der Verfassungsprinzipien untersucht hat. Danach handelt es sich um eine Kategorie von Verfassungsaussagen, deren Inhalt dadurch gekennzeichnet ist, "daß sie in allgemeiner oder auch begrenzter Form Grundsätze oder Richtlinien für das staatliche Handeln aufstellen". In der Aufnahme selbst allgemein gehaltener Staatszielbestimmungen in die Verfassung wirkt sich nach Scheuner das Bestreben aus, "eine Bestimmung wenigstens der konkreten Ziele einer Verfassung und damit ein für eine Zeit gültiges Staatsbild in Teilen festzulegen".

28 Vgl. Werner Billing, Bundesverfassungsgericht und Außenpolitik, in: Hans Peter Schwarz, Handbuch der deutschen Außenpolitik, 1975, S. 157 f

b) Der Bindungs- und Wirkungseffekt dieser Zielvorstellung

Die auf die Zukunft ausgerichtete Vertrags- und Verfassungsinterpretation ist in Verbindung mit dem Bindungs- und Wirkungseffekt des Grundvertragsurteils zu sehen (29). Die vom Bundesverfassungsgericht den anderen Verfassungsorganen, den staatlichen Behörden und Gerichten mit den Ausführungen dieses Urteils erteilten Verhaltensanweisungen sind abgeleitet aus dem Grundgesetz; sie gründen sich auf die verfassungsgerichtliche Grundgesetzauslegung, die als authentische Interpretation bezeichnet werden kann und als solche durch die Authentizität ihrer Aussage einen normativen Charakter erhält. Darauf beruht ihr Wirkungseffekt.

Die Ausrichtung der Auslegung auf die verfassungsrechtliche Zielvorstellung ist im Hinblick auf diesen Wirkungseffekt bedeutungsvoll. Diesen Auslegungsgrundsatz auch bei der Auslegung der Urteilsausführungen anzuwenden, erscheint geboten; denn nur dadurch wird man die vom Bundesverfassungsgericht bezweckten Auswirkungen seiner Ausführungen zutreffend würdigen, also so begreifen und auch anwenden, wie sie gewollt sind, wenn man bei Auslegung der Urteilsausführungen diese an der Zielvorstellung überprüft, die das Urteil vorgegeben, aktualisiert und konkretisiert hat.

c) Die finalistische Auslegungsmethode

Die Einbeziehung der verfassungsgerichtlichen Zielvorstellung in die Auslegung der Ausführungen des Grundvertragsurteils kann man als finale oder finalistische Auslegungsmethode (30) bezeichnen. Sie versteht, begreift und deutet die Urteilsausführungen auf der Grundlage der Fragestellung: Was wollte das Bundesverfassungsgericht mit der Festschreibung des Handlungsspielraums und seiner verfassungsrechtlichen Begrenzung sowie mit der Konkretisierung der deutschlandrechtlichen Grundkonzeption und der Staatsangehörigkeitsregelung und mit der Festlegung derden ande-

---

29 siehe oben S. 52

30 Der Begriff der finalen oder finalistischen Auslegungsmethode ist abgeleitet aus dem im Strafrecht entwickelten finalen Handlungsbegriff, dem "ein zweck- und zielgerichteter Willensakt als Erfordernis zugrundeliegt", Schönke-Schröder, Anm. III 1 Abs. 1 Vorbem. vor § 1 StGB. Das Eigenschaftswort final oder finalistisch bezeichnet den Zweck des strafrechtlich relevanten Verhaltens und dessen Zielgerichtetheit. Die für die Auslegung des Grundvertragsurteils empfohlene Methode untersucht vor allem die Ausrichtung dieser Urteilsausführungen, indem sie ihren Zweck und ihr Ziel in Betracht zieht. Wegen dieser Ausrichtung der Überprüfung auf Zweck und Ziel der Urteilsausführungen ist die Kennzeichnung der Methode dieser Auslegung als finale oder finalistische Auslegungsmethode gewählt worden.

ren Verfassungsorganen, den staatlichen Behörden und Gerichten insoweit aufgegebenen Verhaltenspflichten erreichen?

Die Zielvorstellung der Verfassungsrichter ist bei dieser Fragestellung das entscheidende Kriterium, das zu ermitteln ist und an dem die Urteilsausführungen zu überprüfen und zu deuten sind. Mit der authentischen Interpretation der deutschlandrechtlich relevanten Zielnormen des Grundgesetzes hat das Bundesverfassungsgericht offensichtlich sicherstellen wollen, daß die anderen Verfassungsorgane der Bundesrepublik Deutschland bei ihren auf Deutschland bezogenen politischen und rechtlichen Maßnahmen und Aktivitäten den durch das Grundgesetz abgesteckten Rahmen ausfüllen aber auch beachten und die verfassungsrechtlichen Grenzen nicht überschreiten. Deshalb hat es diese Zielnormen des Grundgesetzes durch die im Grundvertragsurteil erfolgte Interpretation umfassend inhaltlich bestimmt und festgelegt.

Wenn man die unter dieser Zielsetzung erfolgte verfassungsgerichtliche Interpretation der das Recht der deutschen Staatsangehörigkeit betreffenden Bestimmungen in Betracht zieht und bei der Auslegung dieser Urteilsausführungen die gleiche Zielrichtung und Zielvorstellung zugrundelegt, kann man zu einem Ergebnis gelangen, das mit der verfassungsgerichtlichen Festlegung im Einklang steht.

# D. AUSLEGUNG VON AUSFÜHRUNGEN DES BUNDESVERFASSUNGSGERICHTS IM GRUNDVERTRAGSURTEIL ZUM RECHTSSTATUS DEUTSCHLANDS UND ZUR DEUTSCHEN STAATSANGEHÖRIGKEIT

Der Gegenstand der nachfolgenden Untersuchung sind die das Recht der deutschen Staatsangehörigkeit mittelbar und unmittelbar betreffenden Ausführungen des Bundesverfassungsgerichts im Grundvertragsurteil. Ihre Darstellung und Auslegung soll erfolgen unter der Prämisse ihrer Gültigkeit und Verbindlichkeit als authentische Interpretation des Grundgesetzes und des Grundvertrags. Hierbei soll untersucht werden, welche Auswirkung und Bedeutung das Grundvertragsurteil für die Funktion und den Bestand der deutschen Staatsangehörigkeit hat.

Zunächst sollen die den Rechtsstatus Deutschlands betreffenden Ausführungen behandelt und untersucht werden, und zwar deshalb, weil die deutsche Staatsangehörigkeit die Fortexistenz Deutschlands voraussetzt. Mit anderen Worten: Der Fortbestand des Rechtsinstituts der deutschen Staatsangehörigkeit ist eine Rechtsfolge aus der Fortexistenz des Deutschen Reiches. Wegen dieser Abhängigkeit erscheint es zweckmäßig, die vom Bundesverfassungsgericht zum Rechtsstatus Deutschlands erkannte Auslegung des Grundgesetzes und des Grundvertrags zuerst zu behandeln und danach dann auf die die deutsche Staatsangehörigkeit unmittelbar betreffenden Aussagen einzugehen.

## I. Die Aussagen des Grundvertragsurteils zum Rechtsstatus Deutschlands

Im Zusammenhang mit der Darstellung des die deutsche Staatsangehörigkeit betreffenden Inhalts des Grundvertragsurteils sind bereits die Urteilsausführungen zum Rechtsstatus Deutschlands behandelt worden, indem diese Ausführungen dargelegt und im Hinblick auf den Vortrag der Verfahrensbeteiligten im Streit um den Grundvertrag gewürdigt worden sind.

Das Bundesverfassungsgericht hat in der schon zitierten Aussage die Fortexistenz Deutschlands, des Deutschen Reiches, erkannt und als Prämisse seinen weiteren Aussagen vorangestellt. Die Problematik, die mit dieser Prämisse verbunden ist, hat Ress aufgezeigt, indem er darauf hingewiesen hat, es sei unzulässig, "die Fortexistenz des Deutschen Reiches aus rein innerstaatlichen Verfassungsnormen" abzuleiten, da "Entstehung, Fortdauer und Untergang von Staaten Vorgänge seien, deren rechtserhebliche Voraussetzungen vom Völkerrecht, nicht jedoch durch eine spezifisch innerstaatliche Rechtsordnung geregelt werden" (1). Dem von Ress in diesem Zusammenhang erhobenen Vorwurf kann jedoch nicht beigepflichtet werden, das Bundesverfassungsgericht hätte "an Hand völkerrechtlicher Kriterien prüfen müssen", ob das Deutsche Reich untergegangen sei, da der Untergang des Reichs den vorausgesetzten Tatbestand zum Wegfall brächte und "sich unmittelbar auf den normativen Inhalt der Verfassungsbestimmungen auswirken" würde (2). Zunächst ist wichtig, daß - wie auch Ress feststellt - der Verfassungsgeber "als rechtliche Voraussetzung seiner Regelungen" davon ausgegangen ist, "daß dieses Deutsche Reich auch nach völkerrechtlichen Maßstäben fortbestand" (3). Das war jedenfalls 1949 herrschende Auffassung und hat sich sogar in der ersten DDR-Verfassung niedergeschlagen (4). Sodann ist zu bedenken, daß das Bundesverfassungsgericht - wenn auch in anderem Zusammenhang - die von Ress erwähnten Faktoren, die völkerrechtlich dem Abschluß des Sezessionsvorganges entgegenstehen, behandelt hat: Das "manifestierte Selbstverständnis der Bundesrepublik", was auch im Grundvertragsurteil zum Ausdruck kommt, und "die Situation des Staatsangehörigkeitsrechts" (5).

Allein aufgrund völkerrechtlich anerkannter Kontinuität kann ein Staat nicht fortbestehen; der Fortbestand eines Staates ist vielmehr auch abhängig von der Staatsauffassung, die vom Staatsvolk getragen und von der Staatsverfassung, die vom Staatsvolk geschaffen wird. Verneinung der Fortexistenz als Völkerrechtssubjekt durch das Staatsvolk kann dazu führen, daß die Völkerrechtsgemeinschaft trotz ihres Interesses an der Aufrechterhaltung der staatlichen Kontinuität die Fortexistenz ebenfalls verneint. Gerade im Sonderfall des Deutschen Reiches ist evident, daß die vom Staatsvolk vertretene Auffassung Einfluß und Auswirkung auf die staatliche Fortexistenz hat. So hat die Völkerrechtsgemeinschaft die DDR zwar als Staat anerkannt; sie sieht jedoch diesen Staat nicht als ein mit dem Deutschen Reich identisches Völkerrechtssubjekt an, und zwar wohl deshalb nicht, weil die DDR selbst diese Identität verneint, und weil die Identität durch die Bundesrepublik Deutschland gewahrt wird.

Es kann deshalb festgestellt werden, daß das Bundesverfassungsgericht die völkerrechtliche Seite seiner Kontinuitätsauffassung nicht übersehen hat, vielmehr zutreffend von einem auch vom Völkerrecht bejahten Fortbestand des Deutschen Reiches als Völkerrechtssubjekt ausgegangen ist. Das Bundesverfassungsgericht hat also, von einer von ihm nicht zu entscheidenden aber zutreffenden Voraussetzung ausgehend, die durch Inter-

---

1 Ress a.a.O., S. 219

2 Ress a.a.O., S. 220

3 Ress, wie oben

4 siehe oben S. 12

5 Ress a.a.O., S. 220

pretation des Grundgesetzes gewonnenen Argumente geprüft, auf die verfassungsrechtlich und staatsrechtlich die These von der Fortexistenz des Deutschen Reiches gestützt werden kann. Die in dieser Interpretation verwendeten Begriffe der Rechtsfähigkeit, der Identität, des Inlands und des deutschen Volkes sollen nachstehend untersucht werden.

## 1. Zur Rechtsfähigkeit

"Das Deutsche Reich ... besitzt nach wie vor Rechtsfähigkeit, ist allerdings als Gesamtstaat mangels Organisation, insbesondere mangels institutionalisierter Organe selbst nicht handlungsfähig" (6).

Mit diesem unmittelbar an die Fortexistenzthese anschließenden Satz wird die Begründung der Fortexistenz aus der bestehen gebliebenen und weiter - trotz fehlender Handlungsfähigkeit - bestehen bleibenden Rechtsfähigkeit abgeleitet.

### a) Definition des Begriffs der Rechtsfähigkeit

(1) Der in dem obigen Zitat verwendete Begriff der Rechtsfähigkeit ist im Zivilrecht entwickelt worden, wobei bei diesem Begriff zwischen allgemeiner und besonderer Rechtsfähigkeit unterschieden wird (7). Die allgemeine Rechtsfähigkeit besagt, daß die Person (natürliche oder juristische Person) grundsätzlich fähig ist, Träger irgendwelcher Rechte und Verbindlichkeiten zu sein; die besondere Rechtsfähigkeit beinhaltet, daß die Person, die sie besitzt, Träger bestimmter, d. h. an bestimmte Voraussetzungen geknüpfter Rechte und Pflichten ist (8). Bei der juristischen Person ist die allgemeine Rechtsfähigkeit, d. h. die Fähigkeit, überhaupt Rechtsträger zu sein, gesetzlich festgelegt (vgl. u. a. § 21 BGB).

(2) Die juristische Person des öffentlichen Rechts leitet ihre Rechtsfähigkeit ebenso wie die natürliche Person oder die juristische Person des Privatrechts aus der Anerkennung durch die Rechtsordnung her (9).

(3) Der Staat als Gebietskörperschaft und juristische Person des öffentlichen Rechts nimmt am Privatrechtsverkehr unter der Bezeichnung Fiskus teil. Die dem Staat insoweit zukommende Rechtsfähigkeit ist mithin die Fähigkeit, im Privatrechtsverkehr Träger von Rechten und Pflichten zu sein.

---

6 Urteil B) III) Ziff. 1 Abs. 1; BVerfGE 36, 16

7 Palandt, Komm. zum BGB, Überblick 1 vor § 1 BGB

8 wie oben

9 Palandt, Komm. zum BGB, Anm. 2 vor § 21 BGB

b) Bedeutung der Rechtsfähigkeit

Der durch das Grundvertragsurteil auf das Deutsche Reich angewandte Begriff der Rechtsfähigkeit soll nicht nur die Fähigkeit bezeichnen, im Privatrechtsverkehr als Fiskus Träger von Rechten und Pflichten zu sein. Vielmehr sollte mit dem Begriff der Rechtsfähigkeit auch die Fähigkeit des Deutschen Reiches bezeichnet werden, als Staat nach innen im staatsrechtlichen Bereich und nach außen als Glied der Völkerrechtsgemeinschaft Rechte und Pflichten haben zu können. Diese Auslegung ergibt sich daraus, daß das Grundvertragsurteil den Begriff der Rechtsfähigkeit im unmittelbaren Zusammenhang mit der erkannten Fortexistenz des Deutschen Reiches verwendet hat.

(1) Diese Rechtsfähigkeit, die nach dem Grundvertragsurteil erhalten geblieben ist, beinhaltet im staatsrechtlichen Bereich, daß das Deutsche Reich die Fähigkeit behalten hat, Träger der einem Staat zuzuerkennenden Rechte und ihm obliegenden Pflichten zu sein. Im Staatsangehörigkeitsrecht bezieht sich das darauf, daß das Deutsche Reich als Staat Bezugsobjekt für das Rechtsinstitut der Staatsangehörigkeit geblieben ist und die hinsichtlich desselben ihm zustehenden Rechte und obliegenden Pflichten weiterhin hat.

(2) In völkerrechtlicher Hinsicht bedeutet die Rechtsfähigkeit des Deutschen Reiches dessen Eigenschaft, auch weiterhin Glied der Völkerrechtsgemeinschaft zu sein als fortexistierendes Völkerrechtssubjekt. Diese Wirksamkeit des Staates nach außen bezieht sich auf die Anerkennung durch die Völkerrechtsgemeinschaft. Diese Anerkennung ist dem Deutschen Reich zu keiner Zeit entzogen worden. Durch völkerrechtlich relevante Rechtsakte ist vielmehr die Fortexistenz des Deutschen Reiches und damit dessen Rechtsfähigkeit unterstellt und implicite anerkannt worden (10). Es ist auch unstreitig und allgemein anerkannt, daß das Deutsche Reich vor 1945 die jedem souveränen Staat zustehende Handlungsfähigkeit besessen hat. Nach dem Grundvertragsurteil ist das Deutsche Reich "allerdings als Gesamtstaat mangels Organisation nicht handlungsfähig" (11).

---

10 siehe oben S. 18

11 Meesen, Das Problem der deutschen Staatsangehörigkeit nach dem Grundvertrag, a.a.O., S. 519, vertritt folgende Auffassung: "Deutschland besteht rechtlich als Bezugspunkt der Viermächte-Verantwortung und kultursoziologisch als Nation fort. Eine Staatsangehörigkeit kann jedoch nur auf handlungsfähige Staaten bezogen sein. Denn nur zu solchen Staaten können die mit einer Staatsangehörigkeit verbundenen Rechte und Pflichten von beiden Seiten ausgeübt und erfüllt werden".

c) Das Auseinanderfallen von Rechtsfähigkeit und Handlungsfähigkeit

Der Wegfall der Handlungsfähigkeit des Deutschen Reiches wirft die Frage auf, ob ein Staat beim Wegfall seiner Handlungsfähigkeit seine Rechtsfähigkeit behalten und als Völkerrechtssubjekt bestehen bleiben kann. Das Bundesverfassungsgericht leitet sein Erkenntnis vom Fortbestand des Deutschen Reiches aus der Differenzierung von Rechts- und Handlungsfähigkeit dogmatisch ab (12). Das Auseinanderfallen von Rechtsfähigkeit und Handlungsfähigkeit ist sowohl in staatsrechtlicher als auch in völkerrechtslicher Hinsicht ein Novum (13). Dennoch kann diese Differenzierung aufgrund der besonderen Lage Deutschlands nach dem Zusammenbruch als zulässig erachtet werden mit der Maßgabe, daß durch sie die Fortexistenz des Deutschen Reiches nicht berührt wird. Das Auseinanderfallen von Rechtsfähigkeit und Handlungsfähigkeit ist zwar ungewöhnlich. Diese ungewöhnliche Rechtssituation entspricht aber der Lage, die nach dem Zusammenbruch des Deutschen Reiches in Mitteleuropa entstanden ist. Man darf allerdings nicht übersehen, daß das Bundesverfassungsgericht in der oben zitierten Aussage den Wegfall der Handlungsfähigkeit auf den "Gesamtstaat" bezogen hat und abgestellt hat auf mangelnde Organisation. Damit hat das Bundesverfassungsgericht zum Ausdruck gebracht, daß das Deutsche Reich zwar in seiner vollen gebietlichen und personalen Erstreckung nicht handlungsfähig ist, soweit dazu eine Organisation erforderlich ist. Es hat jedoch nicht damit sagen wollen, daß das Deutsche Reich überhaupt nicht handlungsfähig sei. Es ist nämlich handlungsfähig, und zwar auch als Gesamtstaat, allerdings nur, soweit diese Handlungsfähigkeit eine besondere Organisation oder institutionalisierte Organe nicht erfordert. Diese Handlungsfähigkeit liegt bei den Vier Mächten. Darüberhinaus besteht die Handlungsfähigkeit für das Deutsche Reich auch durch die mit dem Deutschen Reich identische Bundesrepublik Deutschland. Dies wird unter dem Begriff der Identität näher dargelegt.

Das Auseinanderfallen von Rechtsfähigkeit und Handlungsfähigkeit ist also zu sehen im Hinblick darauf, daß das Deutsche Reich durch den Zusammenbruch nur noch auf einem Teil seines Gebietes organisiert ist und auch nur auf diesem Gebiet institutionalisierte Organe hat, nämlich auf dem Gebiet der Bundesrepublik Deutschland, und daß es darüber hinaus, also in seiner vollen gebietlichen Erstreckung, in der es auch noch als rechtsfä-

---

12 Vgl. hierzu Schramm, Das Verhältnis der Bundesrepublik Deutschland zur DDR nach dem Grundvertrag, S. 8

13 Dagegen ist zivilrechtlich das Auseinanderfallen von Rechtsfähigkeit und Handlungsfähigkeit nicht ungewöhnlich und gesetzlich im einzelnen geregelt. Auch eine noch nicht oder nicht mehr handlungsfähige Person kann zivilrechtlich Träger von Rechten und Pflichten sein oder bleiben.

hig gesehen wird, noch nicht wieder organisiert ist und dort auch keine institutionalisierten Organe hat (14).

## 2. Zur Identität

"Die Bundesrepublik Deutschland ist also nicht 'Rechtsnachfolger' des Deutschen Reiches, sondern als Staat identisch mit dem Staat 'Deutsches Reich', - in Bezug auf seine räumliche Ausdehnung allerdings 'teilidentisch', so daß insoweit die Identität keine Ausschließlichkeit beansprucht" (15).

Diese Aussage bedeutet, daß das Bundesverfassungsgericht das Wesen der Bundesrepublik in staatsrechtlicher und völkerrechtlicher Hinsicht nach seiner durch Auslegung des Grundgesetzes erkannten Vorstellung mit dem Begriff der Identität gekennzeichnet hat.

### a) Definition des Begriffs der Identität

Geht man von der Wortbedeutung des Identitätsbegriffs aus, kann man ihn mit den Worten "Dieselbigkeit", "Einerleiheit" und "völlige Übereinstimmung" erläutern (16). Nach dieser Definition hängt die Identität davon ab, daß "A in den verschiedenen Sachlagen und Umständen immer dasselbe bleibt, so daß es als dasselbe identifiziert werden kann" (17).

Im staats- und verfassungsrechtlichen Bereich ist die Identität als politisches Gestaltungsprinzip aufgefaßt worden in bezug auf das Volk, das "als realgegenwärtige Größe in seiner unmittelbaren Identität mit sich selbst

---

14 Tiemann, Zur Rechtsverbindlichkeit von Staatsangehörigkeitsakten der DDR für die Bundesrepublik, in: DÖV, 1972, S. 74, weist ausgehend von der Teilordnungslehre, auf die Problematik hin, daß "der Fortbestand des Reiches als Subjekt ohne Organe in fortschreitendem Maße lebensunwirklich erscheinen" müsse, "wenn man sich das 'Reichsdach' als reales Substrat staatlicher Organisation vorstellen würde". Er differenziert deshalb die Teilordnungslehre "als rechtliche Konstruktion zur Erklärung der teilweise fortbestehenden Rechtseinheit in Deutschland". Diese Auffassung entspricht aber nicht dem Grundvertragsurteil, das von der verfassungsgerichtlichen Identitätsauffassung ausgeht.

15 Urteil B) III) Ziff. 1 Abs. 2; BVerfGE 36, 16

16 Schischkoff, Philosophisches Wörterbuch, Kröners Taschenausgabe Bd. 13 S. 287

17 Schischkoff, wie oben

eine politische Einheit" sei (18). Das Bundesverfassungsgericht hat jedoch in der oben zitierten Aussage des Grundvertragsurteils die Identität bezogen auf das Verhältnis zweier Staaten, der Bundesrepublik Deutschland zum Deutschen Reich. In dem so angewandten Identitätsbegriff kann Identität definiert werden als "die rechtliche Wesensgleichheit eines Staates" (19). Die begriffliche "völlige Übereinstimmung" bezieht sich hierbei auf den Wesenskern der Staatlichkeit, nicht aber auf die unterschiedlichen Ausprägungen. Die Existenz des Staates als solche ist es, die in diesem Zusammenhang als Wesenskern der Staatlichkeit verstanden wird.

Mit dem Begriff der Identität ist danach im Grundvertragsurteil zum Ausdruck gebracht, daß die Bundesrepublik Deutschland und das Deutsche Reich ein einheitliches Rechtssubjekt sind (20).

b) Identität der Bundesrepublik Deutschland mit dem Staat "Deutsches Reich".

Diese auf das Deutsche Reich als Rechtssubjekt bezogene Identitätsfeststellung wird vom Bundesverfassungsgericht im Grundvertragsurteil aus der Entstehungsgeschichte der Bundesrepublik abgeleitet durch den ausdrücklichen Hinweis, "mit der Errichtung der Bundesrepublik Deutschland" sei "nicht ein neuer westdeutscher Staat gegründet, sondern ein Teil Deutschlands neu organisiert" worden (21).

Die Einheit der Rechtsperson, mit anderen Worten: Die völlige Übereinstimmung der Rechtsperson Bundesrepublik Deutschland mit der Rechtsperson Deutsches Reich, also die insoweit hinsichtlich der Rechtsperson vom Bundesverfassungsgericht festgestellte Identität, wird nicht dadurch beeinträchtigt, daß die Bundesrepublik nicht das gesamte Gebiet des Deutschen Reiches und nicht das ganze deutsche Volk umfaßt und auch sonst in vielerlei Hinsicht anders gestaltet ist. Selbst erhebliche Veränderungen berühren die Identität als Rechtsperson nicht (22).

---

18 Carl Schmitt, Verfassungslehre, 1928, S. 204 ff

19 Brockhaus Enzyklopädie 1969, Bd. 8 S. 807

20 vgl. Schramm a.a.O., S. 13, der darauf abstellt, daß "die Bundesrepublik und Deutschland ein einheitliches Völkerrechtssubjekt" sind.

21 Urteil B) III) Ziff. 1 Abs. 2; BVerfGE 36, 16

22 Vgl. hierzu Rauschning, Verträge und andere Akte zur Rechtsstellung Deutschlands, Goldmann JURA, Einführende Betrachtung zur Rechtsstellung Deutschlands seit dem Zweiten Weltkrieg, S. 14. Rauschning weist darauf hin, daß auch die großen Veränderungen in Deutschland nach dem Ersten Weltkrieg - Wechsel der Staatsform von der konstitutionellen Monarchie zur Republik - und die Veränderungen der gesellschaftlichen Ordnungen und des Verfassungssystems in den osteuropäischen Staaten die staatliche Identität nicht berührt haben.

Die auf die Eigenschaft der Bundesrepublik Deutschland als Rechtsperson bezogene Identitätsfeststellung hängt von der Fortexistenz des Deutschen Reiches ab und kann solange als ein verfassungsrechtliches Gestaltungsprinzip bejaht und angewandt werden, solange die Fortexistenz des Deutschen Reiches bejaht werden kann. Das Grundgesetz geht von der Identitätsvorstellung aus. Dieser verfassungsrechtliche Grundgedanke, den das Bundesverfassungsgericht wiederholt festgestellt (22a) und im Grundvertragsurteil erneut bestätigt hat, hat seinen Ausgangspunkt in der zur Zeit der Errichtung der Bundesrepublik gegeben gewesenen Lage; er ist, ausgehend von den damaligen Verhältnissen, auf die Zukunft gerichtet; denn durch die Identitätsauffassung sollte die geschichtliche Kontinuität bewahrt und für die künftige staats- und völkerrechtliche Entwicklung gesichert werden.

Die Identitätsvorstellung muß im Zusammenhang damit gesehen werden, daß das Deutsche Reich seine Rechtsfähigkeit trotz fehlender oder eingeschränkter Handlungsfähigkeit behalten hat, daß dieser Staat 1945 nicht untergegangen ist. Diese verfassungsrechtliche Ausgangslage ist als Verfassungsgrundnorm anzusehen. Sie beansprucht in der durch das Grundvertragsurteil erfolgten Konkretisierung Geltung und Verwirklichung für Gegenwart und Zukunft (23).

c) Die Problematik der Teilidentität

Der Satzteil in der oben zitierten Aussage des Grundvertragsurteils, wonach in Bezug auf die räumliche Ausdehnung des Staates Deutsches Reich die Bundesrepublik nur teilidentisch sei, enthält den Begriff der Teilidentität. Die Verwendung dieses Begriffs hat zu harter Kritik geführt (24). Hierbei ist aber übersehen worden, daß der Begriff der Teilidentität nur in Bezug auf die räumliche Ausdehnung des Deutschen Reiches verwendet worden ist.

Mit der Einführung des Begriffs der Teilidentität hat das Bundesverfassungsgericht klargestellt, daß das Staatsgebiet des Deutschen Reiches zwar auch das der Bundesrepublik ist, jedoch nicht in voller Ausdehnung. Das gesamte Gebiet des Deutschen Reiches in den Grenzen vom 31. Dezem-

---

22a BVerfGE 2, 266 (277); 3, 288 (319 f); 5, 85 (126); 6, 309 (336, 363)

23 Zur Schutzwürdigkeit des Staatsbegriffs hat Blumenwitz, Fünf Jahre Grundvertragsurteil des Bundesverfassungsgerichts, S. 15, ausgeführt: "Der Staatsbegriff verdient mindestens denselben Schutz wie seine durch die Verfassung geschaffenen Institutionen. Werden und Vergehen von Staaten ist ein Ereignis, das nicht von einer einfachen Stimmenmehrheit im Parlament abhängig gemacht werden kann".

24 Lewald, Die verfassungsrechtliche Lage Deutschlands, in: NJW 1973 S. 2266

ber 1937 ist nicht dasselbe, in dem die Hoheitsgewalt der Bundesrepublik Deutschland ausgeübt werden kann. Die Bundesrepublik identifiziert sich zwar auch in Bezug auf das Gebiet mit dem Deutschen Reich, jedoch - was die räumliche Ausdehnung anlangt - nur hinsichtlich des Teils, in dem sie die volle Hoheitsgewalt ausüben kann.

Wenn man die auf die zukünftige Entwicklung ausgerichtete Interpretation in ihrer Zielvorstellung in Betracht zieht, dann liegt in der Verwendung des Begriffs der Teilidentität nicht nur die auf die Gegenwart bezogene Einschränkung der vollen räumlichen Ausdehnung sondern auch die mit dem Identitätsbegriff verbundene und ihm innewohnende Vorstellung der Hinwendung und des Strebens nach Herbeiführung einer völligen Übereinstimmung auch hinsichtlich der räumlichen Ausdehnung des Staatsgebietes.

d) Die Bedeutung der verfassungsgerichtlichen Festlegung auf die Identitätsauffassung für die deutsche Staatsangehörigkeit

Mit der Feststellung der völligen Übereinstimmung des Rechtssubjekts Bundesrepublik Deutschland mit dem Staat Deutsches Reich ist klargestellt, daß sich für das Rechtsinstitut der deutschen Staatsangehörigkeit das notwendige Bezugsobjekt nicht geändert hat sondern unverändert fortbesteht. Darin liegt die Bedeutung der Identitätsauffassung für die deutsche Staatsangehörigkeit.

Es ist in der Staats- und Völkerrechtslehre auch nach Erlaß des Grundvertragsurteils umstritten, ob der Fortbestand des Deutschen Reiches mit der Teilordnungslehre (Dachtheorie) oder mit der Identitätslehre (Staatskerntheorie oder Schrumpfstaatstheorie) zu begründen ist (25). Die Anhänger der Teilordnungslehre nehmen das Grundvertragsurteil für ihre Theorie in Anspruch und können geltend machen, daß sich verschiedene Urteilsaussagen für ihre Auffassung heranziehen lassen (26). Auch die Einführung des Begriffs der Teilidentität könnte für die Dachtheorie in Anspruch genommen werden.

Soweit es sich um das Staatsangehörigkeitsrecht handelt (27), können die Urteilsausführungen jedoch der Identitätslehre zugeordnet werden; denn

---

25 Ein Eingehen auf die zahlreichen Lehrmeinungen würde den Rahmen dieser Arbeit sprengen. Zieger, Das Problem der deutschen Staatsangehörigkeit, a.a.O., S. 189 ff hat in Anm. 1 auf die seit dem Grundvertrag und dem Erlaß des Grundvertragsurteils ergangenen Meinungen hingewiesen und zu den wesentlichen kritisch Stellung genommen.

26 Zieger, wie oben, S. 205 mit Hinweis in Anm. 74 auf Kriele, Deutschlandpolitik, S. 138, 171 f sowie in Anm. 75 auf die Ausführungen BVerfGE 36, 16

27 Vgl. hierzu auch die Interpretation der die deutsche Staatsangehörigkeit unmittelbar betreffenden Aussagen des Grundvertragsurteils

sie beinhalten eindeutig, daß die deutsche Staatsangehörigkeit als Bezugsobjekt den Staat Deutsches Reich hat, und daß dieses Rechtssubjekt mit der Bundesrepublik Deutschland identisch ist. Zutreffend weist Zieger hierauf hin, indem er ausführt, daß das Bundesverfassungsgericht "in seinen Überlegungen zur Staatsangehörigkeitsfrage keinen Ansatz in Richtung auf Teil-Staatsangehörigkeiten" habe erkennen lassen; es spreche allein von der deutschen Staatsangehörigkeit; weshalb für dieses Thema "nur die Aussagen des Gerichts über die Identität zur Entfaltung" kommen (28).

### 3. Zum Inland

Obwohl das Bundesverfassungsgericht den Inlandbegriff im Grundvertragsurteil an keiner Stelle ausdrücklich erwähnt hat - lediglich der Auslandsbegriff ist zur Interpretation einbezogen - , erscheint es geboten, diesen Begriff im Zusammenhang mit den Ausführungen des Gerichts zum Rechtsstatus Deutschlands im Hinblick auf die Staatsangehörigkeitsfrage zu untersuchen, da er ein wichtiges Kriterium für Erwerb und Verlust der deutschen Staatsangehörigkeit ist.

#### a) Begriffsdefinition

(1) Mit dem Wort Land ist die räumliche Ausdehnung des Staatsgebiets gemeint, wobei durch Hinzufügung der Vorsilbe "In" dasjenige Land bezeichnet wird, das sich als Inland innerhalb der Grenzen des Staatsgebiets befindet, während mit dem Begriff Ausland das außerhalb befindliche und nicht zu diesem Staat gehörende Gebiet gemeint ist. Bei dieser Begriffsdefinition rückt die Auffassung vom Wesen des Staatsgebietes in den Mittelpunkt der Betrachtung.

(2) Das Gebiet ist ein wesentliches Element des Staates; Staatsgebiet ist das Gebiet, auf das sich die Gebietshoheit erstreckt (29). Das zeigt den Zusammenhang zwischen dem Staat als Organisation und dem Gebiet, für das diese Organisation gilt (29a). Gleichzeitig ergibt dieser Zusammenhang

---

28 Zieger, Das Problem der deutschen Staatsangehörigkeit a.a.O., S. 206

29 Nach Verdroß, a.a.O., S. 202, ist Staatsgebiet weder als der tatsächliche noch als der rechtliche Herrschaftsbereich zu definieren, sondern als Gebiet, "über das einem Staat nach Völkerrecht die territoriale Souveränität zusteht".

29a Vgl. Rumpf, Inland und Ausland als Rechtsbegriffe in ihrer Bedeutung für Deutschland, S. 289 (314), wonach Inland als Staatsgebiet "der Herrschaftsbereich einer Staatsgewalt, der Geltungsbereich einer staatlichen Rechtsordnung" ist. Vgl. hierzu auch Stern, Das Staatsrecht der Bundesrepublik Deutschland, Bd. 1, § 7 I Ziff. 3: Von den über

die Problematik des auf das Deutsche Reich bezogenen Inlandbegriffs; denn da dieser Staat noch nicht reorganisiert ist, hat er noch keine sein gesamtes Gebiet umfassende Organisation.

(3) Solange das Deutsche Reich in seiner gesamten gebietlichen Erstrekkung nicht reorganisiert ist, seine Staatsorganisation sich also nur auf einen Teil erstreckt, der in der Bundesrepublik Deutschland liegt, ist die Anwendung des Inlandbegriffs auf das außerhalb der Bundesrepublik liegende Gebiet problematisch. Diese Problematik kann nur dadurch gelöst werden, daß der Zusammenhang zwischen Staatsorganisation und Staatsgebiet im Sonderfall Deutschlands anders behandelt wird als nach der abstrakten theoretischen Definition. Hinsichtlich der Rechtsfähigkeit hat das Bundesverfassungsgericht dem Sonderfall dadurch Rechnung getragen, daß es dieses rechtliche Kriterium ohne gleichzeitige Handlungsfähigkeit als ausreichend für die staatliche Fortexistenz bezeichnet hat. Die besondere Lage Deutschlands erfordert auch hinsichtlich des Inlandbegriffs eine entsprechende Modifizierung.

b) Die Besonderheit des Inlandbegriffs im Bundesstaat

(1) Soweit ein Staat als Einheitsstaat organisiert ist, ergeben sich für die Ausdehnung des Staatsgebietes keine Probleme; denn der Einheitlichkeit des Staates und seiner Organisation, die sich über das gesamte Gebiet erstreckt, entspricht die Einheit des Staatsgebietes. Dagegen ist bei einer bundesstaatlichen Struktur die Frage zu beantworten, welche Gebiete als Inland oder als Ausland einzustufen sind. Die Antwort ergibt sich aus der jeweiligen bundesstaatlichen Verfassung. Allgemein kann man davon ausgehen, daß bei einer bundesstaatlichen Struktur der Inlandbegriff sowohl auf die Teilstaaten als auch auf den Gesamtstaat anwendbar ist.

(2) Nach dem Grundgesetz der Bundesrepublik Deutschland ist das Gebiet der Länder, die als Teilstaaten einzustufen sind, Inland; aber auch das Gebiet des Gesamtstaates selbst kann als Inland bezeichnet werden. Obwohl die Teilstaaten verschiedene Inlandsgebiete im Verhältnis zueinander wie auch im Verhältnis zum Gesamtstaat umfassen, sind sie füreinander nicht Ausland. Je nach der verfassungsrechtlichen Struktur eines Staates kann jedoch unterschiedlich festgelegt werden, was Inland sein soll. Es handelt sich hierbei um eine Aufteilung der Herrschafts- und Kompetenzfunktionen

---

das Wesen des Staatsgebiets entwickelten Theorien hebt Stern die Herrschafts- und Kompetenztheorie, "nach der Staatshoheit nur in den Grenzen des Staatsgebiets ausgeübt werden darf", als herrschend hervor; er weist aber auch auf die Kombination hin, wonach das Staatsgebiet für den Staat Kompetenzbereich, notwendiges Element seiner Herrschaft und Grundlage seiner Existenz im Verhältnis zu anderen Staaten ist.

zwischen dem Gesamtstaat und den Teilstaaten. Im Rahmen einer bundesstaatlichen Struktur kann die Aufteilung dergestalt erfolgen, daß diese Funktionen teilweise dem Gesamtstaat und teilweise den Teilstaaten zustehen. Daraus ergibt sich, daß Staatsgebiet Inland sein kann, auch ohne daß Herrschafts- und Kompetenzfunktionen in ihrem vollen Umfang diesem Gebiet zugeteilt sein müssen. Mit anderen Worten: Volle und ungeteilte Herrschafts- und Kompetenzgewalt sind nicht Voraussetzung dafür, daß Staatsgebiet Inland ist. So hat auch die bundesstaatliche Gliederung der Bundesrepublik Deutschland bewirkt, daß der Inlandbegriff sowohl für das Gebiet der Länder als auch für das des Bundes anzuwenden ist. Da das Bundesgebiet das Gebiet aller Länder umfaßt, ist jeder Teil des Bundesgebietes zugleich Landesgebiet, und jedes Landesgebiet ist Bundesgebiet. Die normale Rechtslage in einem Bundesstaat führt mithin hinsichtlich des Staatgebietes zu diesem Doppelcharakter, der für das staatsrechtliche Inland gilt. Das gemeinsame Indigenat, wonach "der Angehörige ... eines jeden Bundesstaates in jedem anderen Bundesstaate als Inländer zu behandeln ... ist" (30), war bereits in der Reichsverfassung von 1871 festgelegt, ist in die Weimarer Verfassung übernommen und auch in das Grundgesetz aufgenommen worden mit dem Satz zu Art. 33 Abs. 1 GG: "Jeder Deutsche hat in jedem Lande die gleichen staatsbürgerlichen Rechte und Pflichten".

c) Die einzelnen für die Begriffe Inland und Ausland rechtlich relevanten Aussagen des Grundvertragsurteils

Der Auslandsbegriff kommt im Grundvertragsurteil an mehreren Stellen vor, während der Inlandbegriff nicht erwähnt ist. So heißt es:

> "Die Deutsche Demokratische Republik gehört zu Deutschland und kann im Verhältnis zur Bundesrepublik Deutschland nicht als Ausland angesehen werden (BVerfGE 11, 150, 158)" (31).

An anderer Stelle heißt es:

> "Deshalb hat das Bundesverfassungsgericht auch gegenüber Urteilen von Gerichten der Deutschen Demokratischen Republik, die kein Ausland sind, den ordre public durchgreifen lassen (BVerfGE 11, 150, 160 f)", (32)

und:

> "Der Vertrag bedarf daher, um verfassungskonform zu sein, der Auslegung, daß die Deutsche Demokratische Republik auch in dieser Be-

---

30 siehe hierzu Art. 3 d der Verfassung des Deutschen Reiches vom 16.4.1871

31 Urteil B) III) Abs. 2; BVerfGE 36, 17

32 Urteil B) V) Abs. 2; BVerfGE 36, 30

ziehung nach dem Inkrafttreten des Vertrags für die Bundesrepublik Deutschland nicht Ausland geworden ist" (33).

(1) Mit diesen Aussagen hat das Bundesverfassungsgericht die Auslandseigenschaft der DDR im Verhältnis zur Bundesrepublik verneint, und zwar generell im Zusammenhang mit den zum Rechtsstatus Deutschlands gemachten Ausführungen, und sodann nochmals in Verbindung mit den Ausführungen zum Staatsangehörigkeitsrecht und in Bezug auf dieses Rechtsinstitut. Der generellen Aussage hat das Bundesverfassungsgericht die Feststellung vorausgeschickt, daß die DDR zu Deutschland gehöre. Diese gebietsrechtliche Zuordnung ist im Zusammenhang mit den Ausführungen und Feststellungen des Bundesverfassungsgerichts zu sehen, wonach die Bundesrepublik Deutschland "ein einheitliches Staatsgebiet 'Deutschland' (Deutsches Reich), zu dem ihr eigenes Staatsgebiet ... als nicht abtrennbarer Teil gehört", anerkenne (34). Zu diesem einheitlichen Staatsgebiet 'Deutschland' gehört also auch die DDR. Diese auf das Staatsgebiet bezogene Zugehörigkeit beinhaltet die gebietsrechtliche Identifikation des Staatsgebiets der DDR und des Staatsgebiets der Bundesrepublik mit dem Staatsgebiet des Deutschen Reiches. Diese gleiche gebietsrechtliche Bewertung, die aus der Identitätsauffassung abgeleitet ist, rechtfertigt die Ausführungen des Bundesverfassungsgerichts, wonach das Staatsgebiet der Bundesrepublik und das der DDR zueinander nicht Ausland sind.

(2) Kann aus den oben zitierten Ausführungen des Bundesverfassungsgerichts eine Antwort auf die Frage gefunden werden, ob das Staatsgebiet der Bundesrepublik und das der DDR im Verhältnis zueinander Inland sind? Diese Frage, die die Problematik der Anwendung des Inlandbegriffs im Verhältnis der beiden Staaten zueinander aufwirft, kann nicht mit einem klaren Ja oder Nein beantwortet werden.

(3) Bereits im Streit um den Grundvertrag hat sich diese Problematik in den Ausführungen der Verfahrensbeteiligten vor dem Bundesverfassungsgericht gezeigt. So ist vonseiten der Bundesregierung im Zusammenhang mit der Frage, welcher Art das zwischen der DDR und der Bundesrepublik Deutschland bestehende besondere Verhältnis sei, vorgetragen worden:

> "Der Vertrag muß einen Inhalt haben, er muß ein Erscheinungsbild haben, das die Beziehungen auf der Grundlage dieses Vertrages zwischen der Bundesrepublik und der DDR nicht als ein Verhältnis zwischen ausländischen Staaten, sondern als ein solches zwischen Staaten darstellt, die füreinander nicht Ausland sind; Inland brauchen sie zueinander allerdings nicht zu sein" (35).

---

33 Urteil B) V) Abs. 2; BVerfGE 36, 30

34 Urteil B) III) Ziff. 1 Abs. 1; BVerfGE 36, 16

35 Der Grundlagenvertrag vor dem Bundesverfassungsgericht, Dokumentation zum Urteil vom 31. Juli 1973, S. 335. Zur Staatsangehörigkeitsfrage wurde darauf hingewiesen, die Nichtregelung müsse so interpre-

Hierzu wurde weiter von der Bundesregierung ausgeführt:

> "Denn wir haben ja eine völkerrechtliche Anerkennung ganz bewußt ausdrücklich nicht ausgesprochen und sagen auch, daß die DDR, wenngleich nicht Inland, so doch auch nicht Ausland ist" (36).

Hierauf wurde vonseiten der Bayerischen Staatsregierung erwidert:

> "Zu einem besonderen Verhältnis gehören eben zwei! Zwischen "Inland" und "Ausland" gibt es eben völkerrechtlich nicht irgend ein schwammiges Zwischenreich - entweder das eine oder das andere" (37).

(4) Im Grundvertragsurteil ist eine Formel des Inhalts, das Staatsgebiet der Bundesrepublik und das der DDR seien zueinander "weder Ausland noch Inland", nicht enthalten. Aus der Nichterwähnung des Inlandbegriffs im Urteil kann aber nicht zwingend abgeleitet werden, dieser Begriff dürfe für das Verhältnis der DDR zur Bundesrepublik Deutschland überhaupt nicht angewandt werden. Zwar könnte gefolgert werden: Da der Auslandsbegriff im Urteil für dieses Verhältnis ausdrücklich angewandt worden ist im Sinne der Verneinung, würde das Bundesverfassungsgericht die Anwendbarkeit des Inlandbegriffs erwähnt haben, wenn es die Einbeziehung dieses Begriffs in seine Analyse für zulässig und für erforderlich gehalten hätte. Aus der Nichtanwendung des Inlandbegriffs kann jedoch nicht abgeleitet werden, daß die Einbeziehung dieses Begriffs rechtlich unzulässig sei. Die Nichtanwendung kann auf die Besonderheit des Verhältnisses der beiden Staaten in Deutschland zurückgeführt werden. Wegen dieser Besonderheit kann es das Bundesverfassungsgericht zwar nicht für unzulässig aber für unzweckmäßig gehalten haben, diesen Begriff anzuwenden.

d) Die Anwendung des Inlandbegriffs auf das gebietsrechtliche Verhältnis der beiden Staaten in Deutschland zueinander

Die Teilgebiete der beiden Staaten in Deutschland liegen innerhalb der Grenzen des Staatsgebietes des Deutschen Reiches und sind aus diesem Grunde nach der verfassungsgerichtlichen Feststellung zueinander nicht Ausland. Die beiden Staaten haben die gleiche gebietsrechtliche Zugehörigkeit; sie erkennen sich jedoch nicht gegenseitig als Teile eines sie umfassenden Gesamtdeutschlands an. Allein die Bundesrepublik Deutschland identifiziert sich mit dem Deutschen Reich. Die fehlende Zustimmung der DDR zu dieser Identitätsauffassung kann jedoch kein für die Beurteilung der Inlandfrage entscheidendes Kriterium sein. Geht man von der verfassungsgerichtlichen

---

tiert werden, daß der Vertrag als solcher zwischen Staaten, die füreinander nicht Ausland sind, geschlossen wurde.

36 Dokumentation a.a.O., S. 337

37 Dokumentation a.a.O., S. 338

Festlegung aus, wonach das fortexistierende Deutsche Reich, mit dem die Bundesrepublik hinsichtlich der Rechtssubjektivität identisch ist, ein Staatsgebiet hat und die Deutsche Demokratische Republik zu Deutschland gehört, könnte aus diesem Zusammenhang die Inlandseigenschaft der DDR im Verhältnis zur Bundesrepublik abgeleitet werden. Die Feststellung der Inlandeigenschaft hängt jedoch nicht nur davon ab, welches Staatsgebiet dem Staat Deutsches Reich zuzuordnen ist; vielmehr kann die Inlandeigenschaft der beiden Staatsgebiete in ihrem Verhältnis zueinander nur dann bejaht werden, wenn eine einheitliche sich auf beide Gebiete erstreckende Hoheitsgewalt (Herrschafts- und Kompetenzgewalt) vorhanden ist.

aa) Hoheitsgewalt und Inlandeigenschaft

(1) Gebietshoheit ist erforderlich, um die Inlandeigenschaft eines Gebietes bejahen zu können (38). Ausgehend von dieser Prämisse, ist es entscheidend, wie die Frage zu beantworten ist, ob die mit dem Staat Deutsches Reich identische Bundesrepublik Deutschland Hoheitsgewalt hat, die sich auf das gesamte Staatsgebiet des Deutschen Reiches und damit auch auf das Gebiet der DDR erstreckt. Da die Inlandeigenschaft der DDR im Verhältnis zur Bundesrepublik Deutschland und in Bezug auf das Staatsangehörigkeitsrecht untersucht werden soll, ist die Frage dahin einzugrenzen, ob die Bundesrepublik gegenüber der DDR eine für das Recht der deutschen Staatsangehörigkeit relevante Hoheitsgewalt hat.

(2) Das Fehlen der Handlungsfähigkeit des Staates Deutsches Reich hat das Bundesverfassungsgericht nicht daran gehindert, die Feststellung zu treffen, daß dieser Staat Rechtsfähigkeit besitzt und als Rechtssubjekt in der mit ihm identischen Bundesrepublik Deutschland fortexistiert. Das Bundesverfassungsgericht hat damit die Feststellung verbunden, im Grundgesetz sei "auch die Auffassung ... von der gesamtdeutschen Staatsgewalt 'verankert' (BVerfGE 2, 266 (277))" (39). Die hieran anschließende Aussage: "Verantwortung für 'Deutschland als Ganzes' tragen - auch - die Vier Mächte (BVerfGE 1, 351 (362 f., 367))", beinhaltet mittelbar, daß diese aus den Bestimmungen des Grundgesetzes abgeleitete "Verantwortung für Deutschland als Ganzes" auch die mit dem Rechtssubjekt "Deutschland als Ganzes" identische Bundesrepublik Deutschland zu tragen hat.

(3) Das Bundesverfassungsgericht hat im Zusammenhang mit der von ihm vertretenen Identitätsauffassung unter Hinweis auf seine Entscheidungen in BVerfGE 3, 288 (319 f), 6, 303 (338, 363) ausgeführt, die Bundesrepublik Deutschland beschränke staatsrechtlich ihre Hoheitsgewalt auf den "Geltungsbereich des Grundgesetzes", fühle sich "aber auch verantwortlich für das ganze Deutschland" (40). Mit dieser Aussage ist zum Ausdruck ge-

---

38 siehe oben S. 68 und Anm. 29

39 Urteil B) III) Ziff. 1 Abs. 1; BVerfGE 36, 16

40 Urteil B) III) Ziff. 1 Abs. 2; BVerfGE 36, 16

bracht, daß eine sich auf den Staat Deutsches Reich beziehende und erstreckende Hoheitsgewalt noch vorhanden ist. Soweit diese den Vier Mächten zusteht, kann sie hinsichtlich des gesamten Staatsgebiets des Deutschen Reiches ausgeübt werden; soweit sie aber der Bundesrepublik Deutschland zusteht, unterliegt die Ausübung der Hoheitsgewalt einer Beschränkung, wie dies das Bundesverfassungsgericht erkannt hat. Diese Beschränkung ist auf die besondere politische Lage und die Anormalität der staatsrechtlichen Verhältnisse des Deutschen Reiches zurückzuführen. Soweit die Bundesrepublik sich in der Ausübung der Hoheitsgewalt beschränkt, beeinträchtigt dies jedoch nicht die Eigenschaft der dem Deutschen Reich zuzuordnenden Gebiete als Inland dieses Staates und damit auch als Inland der Teile untereinander. Dies gilt deshalb, weil es, wie dargetan, eine sich auf das gesamte Gebiet erstreckende Hoheitsgewalt gibt. Nichtausübung dieser Hoheitsgewalt durch die Bundesrepublik Deutschland aufgrund der durch die Verhältnisse erzwungenen Selbstbeschränkung läßt sie nicht untergehen.

(4) Für das Staatsangehörigkeitsrecht hat das Staatsgebiet des Deutschen Reichs grundsätzlich insoweit rechtliche Bedeutung, als es das für das Rechtsinstitut der Staatsangehörigkeit in Betracht kommende Bezugsgebiet ist. Deshalb soll dieses Gebiet als staatsangehörigkeitsrechtliches Inland bezeichnet werden. Diese gebietsrechtliche Bezogenheit setzt Ausübung von Hoheitsgewalt nicht voraus. Mit der staatsangehörigkeitsrechtlichen Inlandseigenschaft des gesamten Staatsgebiets des Deutschen Reichs hängt es zusammen, daß alle Deutschen in allen Teilen dieses Staatsgebietes die gleiche deutsche Staatsangehörigkeit haben. Dieser Zustand ist eine Auswirkung des Vorhandenseins staatsrechtlicher und sich auf das gesamte Gebiet erstreckender Hoheitsgewalt, nicht jedoch eine Folge von Ausübung derselben. Hoheitsgewalt wird durch Gesetzgebung, Verwaltung und Rechtsprechung ausgeübt. Gesetze, die das Staatsangehörigkeitsrecht betreffen, sind jedoch als generelle Regelungen gegenüber den Betroffenen keine unmittelbare Ausübung von Hoheitsgewalt. Ihre Auswirkung auch auf die deutschen Staatsangehörigen außerhalb des Geltungsbereichs des Grundgesetzes ist eine Folge des Vorhandenseins der Hoheitsgewalt, nicht aber der im Gesetz sich niederschlagenden Ausübung derselben. Soweit es sich jedoch um staatsangehörigkeitsrechtliche Maßnahmen der Verwaltung und Rechtsprechung handelt mit unmittelbarer Auswirkung für die Betroffenen durch Verwaltungsakte und Entscheidungen, sind diese wegen Beschränkung der Ausübung von Hoheitsgewalt auf den Geltungsbereich des Grundgesetzes nur in diesem Bereich vollziehbar.

bb) Kongruenz des staatsangehörigkeitsrechtlichen Inlandbegriffs mit dem Deutschlandbegriff (41)

(1) Die staatsangehörigkeitsrechtlichen Vorschriften stehen mit dem Gebietsstatus in enger Beziehung, die mit dem Begriff der Kongruenz zutreffend gekennzeichnet ist. Die grundgesetzliche Verpflichtung, an der einheitlichen deutschen Staatsangehörigkeit festzuhalten, ist die personelle Komponente des Wiedervereinigungsgebots, wonach "das gesamte deutsche Volk als diejenigen Personen zu definieren und abzugrenzen ist, die in dem Gebiet, das dem Deutschen Reich in den Grenzen vom 31.12.1937 entspricht, ihre Herkunft und Heimat haben" (42). Aus dieser Verknüpfung des Inlandbegriffs mit dem Status Gesamtdeutschlands ergibt sich die Kongruenz des staatsangehörigkeitsrechtlichen Inlandbegriffs mit dem Deutschlandbegriff, wobei unter Deutschland nach wie vor das Deutsche Reich in den Grenzen vom 31.12.1937 zu verstehen ist (43).

(2) Eine Notwendigkeit, diese Grenzen und damit den territorialen Umfang des Deutschen Reiches im Grundvertragsurteil genau festzulegen, bestand für das Bundesverfassungsgericht nicht, da es sich in diesem Urteil mit dem Fortbestand des Deutschen Reiches nur insoweit zu befassen hatte, als dies das Verhältnis der Bundesrepublik Deutschland zur DDR betraf, und zwar soweit dieses Verhältnis durch den vom Gericht zu beurteilenden Grundvertrag geregelt worden ist.

(3) Der Vollständigkeit halber sei noch auf die Verträge von Moskau (44) und Warschau (45) hingewiesen sowie auf den Beschluß des Bundesverfas-

---

41 Mit dieser Überschrift hat Klein, Bundesverfassungsgericht und Ostverträge, in: Schriftenreihe der Kulturstiftung der deutschen Vertriebenen, S. 29, den Begriff der Kongruenz bei Behandlung der mit dem Inlandbegriff verbundenen Problematik eingeführt.

42 Klein, a.a.O., S. 32 sowie die hierzu angegebenen Literaturhinweise: Erich Küchenhoff, Die Verfassungsmäßigkeit des Warschauer Vertrags, Der Vertrag zwischen der Bundesrepublik Deutschland und der Volksrepublik Polen, Bulletin des Presse- und Informationsamtes der Bundesregierung 1970, Nr. 171, S. 1822 ff; Edzard Schmidt-Jortzig, Der verfassungsrechtliche Gehalt des Warschauer Vertrages vom 7.12.1970 und seine völkerrechtlichen Bezüge, Der Staat Bd. 10 (1971), S. 311 ff (326 f)

43 vgl. hierzu Parplies, Deutschland nach den Verträgen, S. 11, der darauf abstellt, daß die vom Bundesverfassungsgericht im Grundvertragsurteil gebrauchte Formel von den "Grenzen des Deutschen Reichs nach dem Stand vom 31.12.1937" dahin verstanden werden könne, das Gericht habe diesen Grenzen "eine aktuelle rechtliche (und nicht etwa nur historische) Bedeutung" zugemessen.

44 Moskauer Vertrag vom 12. August 1970, BGBl. 1972 II S. 353

45 Warschauer Vertrag vom 7. Dezember 1970, BGBl. 1972 II S. 272

sungsgerichts vom 7. Juli 1975 (46), durch den festgestellt worden ist, daß durch die Ostverträge die Gebiete östlich von Oder und Neiße nicht aus der rechtlichen Zugehörigkeit zu Deutschland entlassen worden sind, und daß die Verträge keinen Verlust der deutschen Staatsangehörigkeit bewirken konnten (47). Auch bei der völkerrechtlichen Beurteilung der Auswirkung der Ostverträge auf die Staatsangehörigkeitsfrage sind die Feststellungen zum Gebietsstatus von entscheidender Bedeutung. Hierzu sind heranzuziehen die Nichtberührungsklauseln gemäß Art. 4 des Moskauer Vertrags und Art. IV des Warschauer Vertrags sowie der Notenwechsel der Bundesregierung mit den Westmächten und die gemeinsame Entschliessung des Deutschen Bundestages vom 17. Mai 1972 (48). Aus diesen Unterlagen ergibt sich, daß die Kontroverse über den Rechtsstatus der Gebiete in das neue Vertragsverhältnis hineingenommen worden ist (49), und daß die Bundesregierung keine Deutschland als Ganzes betreffende Fragen regeln wollte und auch nicht geregelt hat, wobei noch zu bedenken ist, daß wegen der alliierten Vorbehaltsrechte die völkerrechtliche Kompetenz ohnehin nicht gegeben war (50). Die Ostverträge haben danach keineswegs eine "Heilung" (51) einer völkerrechtswidrigen Annektion und auch nicht einen

---

46 BVerfGE 40, 171

47 Die entgegengesetzte Auffassung wird von Seeler, Die Staatsangehörigkeit der deutschen Aussiedler aus Polen, in: NJW 1978, S. 924 vertreten, der darauf abstellt, daß spätestens mit Inkrafttreten des Warschauer Vertrages die Bundesrepublik Deutschland die Oder/Neiße-Gebiete als Ausland zu behandeln habe. Seelers Meinung kann jedoch keineswegs als zutreffend anerkannt werden; sie steht im Widerspruch zur verfassungsgerichtlichen Festlegung. Vgl. auch Walter Fr. Schleser, Die deutsche Staatsangehörigkeit, S. 171 f, wo darauf hingewiesen ist, daß die Bundesregierung gegenüber dem Bundesverfassungsgericht - wie vor dem Deutschen Bundestag - erklärt habe, durch die Ostverträge habe keine Gebietszession stattgefunden, die Bundesrepublik sei jedoch eine vertragliche Bindung eingegangen, die Oder/Neiße-Gebiete nicht als Inland für sich in Anspruch zu nehmen; sie habe auf die Inanspruchnahme dieser Gebiete als Inland verzichtet! Dieser Verzicht widerspricht dem verfassungsgerichtlichen Erkenntnis.

48 Abgedruckt in: Rauschning, Verträge und andere Akte zur Rechtsstellung Deutschlands, a.a.O., S. 176

49 Parplies, a.a.O., S. 19

50 Parplies, a.a.O., S. 22

51 Seeler, a.a.O., S. 924, vertritt die Auffassung, wonach der heutige Gebietsstand Polens durch den Vertrag faktisch anerkannt und dadurch die zunächst völkerrechtswidrige Annektion der Oder/Neiße-Gebiete "geheilt" worden sei; dieser Auffassung kann nicht beigepflichtet werden.

Gebietsübergang bewirkt. Der Wille der Bundesrepublik Deutschland, bei der Grenzregelung nicht über den territorialen Status Deutschlands verfügen zu wollen, ist allen klar geworden (52), und es sollte deshalb nicht übersehen werden, daß der Gebietsstand Deutschlands sich auf seine völkerrechtsgemäßen Vorkriegsgrenzen erstreckt (53).

(4) Eine Vertiefung der Frage, welche Gebietsteile insgesamt dem Deutschen Reich als Staatsgebiet zuzuordnen sind, ist im Rahmen dieser Untersuchung nicht erforderlich, da sie sich nur mit den Auswirkungen des Grundvertrags nach den Erkenntnissen des Grundvertragsurteils bezüglich des Staatsangehörigkeitsrechts befassen soll und hierbei mit dem Verhältnis der Bundesrepublik Deutschland zu der Deutschen Demokratischen Republik. Insoweit kann davon ausgegangen werden, daß sich das Gebiet des Deutschen Reiches nach dem Grundvertragsurteil auf diese beiden Staaten erstreckt; ihr Staatsgebiet ist also in gleicher Weise staatsangehörigkeitsrechtliches Inland des Deutschen Reiches.

cc) Der staatsangehörigkeitsrechtliche Inlandbegriff in den einzelnen Bestimmungen des RuStAG

(1) Zunächst ist in diesem Zusammenhang auf die Bestimmung des § 1 RuStAG einzugehen. Diese Bestimmung enthält zwar nicht den Inlandbegriff ausdrücklich; er ist für sie jedoch trotzdem von Bedeutung. In ihrer ursprünglichen Fassung stellt die Bestimmung ab auf "die Staatsangehörigkeit in einem Bundesstaat", durch die die deutsche Staatsangehörigkeit vermittelt wurde. § 1 RuStAG muß aber in Verbindung mit § 1 der VO vom 5. Februar 1934 gesehen werden. Geht man davon aus, daß diese Verordnung trotz Wegfalls der Grundlage, auf der sie beruhte, auch heute noch geltendes Recht ist (54), dann ergibt sich daraus, daß die nach der ursprünglichen Fassung des § 1 RuStAG bedeutsame Gebietseinteilung und föderalistische Struktur des Reiches, die ihre Fortsetzung im bundesstaatlichen Aufbau der

---

52 Alfred M. de Zayas, Die Anglo-Amerikaner und die Vertreibung der Deutschen, S. 167 ff

53 de Zayas, a.a.O., sowie Parplies, a.a.O., S. 9

54 Die Auffassungen hierzu sind geteilt. Hoffmann, Die Staatsangehörigkeit in den deutschen Ländern, in: AÖR (81 (1956) S. 300 ff (328) geht davon aus, daß diese Verordnung obsolet geworden sei; sie könne nicht länger Geltung besitzen als dasjenige Gesetz, dessen automatisch eingetretene Rechtsfolge sie nur bestätigt habe; einer ausdrücklichen Aufhebung habe es nicht bedurft. Dagegen wird von Schätzel, in: Recht, Staat und Wirtschaft, 1951, S. 316, die Auffassung vertreten, die Verordnung sei nicht gegenstandslos geworden. Auch der hess. VGH hat durch Beschluß vom 12.12.1966 die Fortgeltung dieser Bestimmung festgestellt (StAZ 2, 68, S. 53). Siehe auch oben S. 11

Bundesrepublik Deutschland gefunden hat, für das Recht der deutschen Staatsangehörigkeit nicht mehr von Relevanz ist. Deshalb kann bei der Frage nach der staatsangehörigkeitsrechtlichen Inlandeigenschaft der deutschen Staatsangehörigkeit nicht mehr auf die Gebiete der Bundesstaaten (Länder) sondern nur noch auf das Staatsgebiet des Deutschen Reiches abgestellt werden. Zwar haben auch die Bundesstaaten (Länder) eine Binnenstruktur; für das Recht der deutschen Staatsangehörigkeit ist dies jedoch nicht relevant.

(2) Die Bestimmung des § 7 RuStAG, die den Erwerb der deutschen Staatsangehörigkeit durch Aufnahme regelt und insoweit auf das Gebiet der Bundesstaaten abstellt, ist - da hinsichtlich der deutschen Staatsangehörigkeit nur noch das Gebiet des Deutschen Reichs in Betracht gezogen werden kann - durch die Verordnung vom 5. Februar 1934 weitgehend gegenstandslos geworden. Lediglich Absatz 2 Satz 2 dieser Bestimmung ist noch wirksam, da in den Bestimmungen der §§ 8 und 10 auf diesen Teil der Bestimmung des § 7 verwiesen ist.

(3) Für den Erwerb der deutschen Staatsangehörigkeit ist der Inlandbegriff bedeutsam. Er ist in den Bestimmungen der §§ 8 und 10 RuStAG enthalten. § 8 RuStAG regelt die Einbürgerung eines Ausländers, "der sich im Inland niedergelassen hat". Damit ist die Niederlassung im Inland eine wichtige Regelvoraussetzung für die Einbürgerung, was sich auch in den Einbürgerungsrichtlinien niedergeschlagen hat (55). Die Bestimmung des § 10 RuStAG, die in der Fassung des Gesetzes vom 20. Dezember 1974 mit Wirkung vom 1. Januar 1975 (56) die Einbürgerung nichtehelicher Kinder deutscher Väter regelt, gibt dem Inlandbegriff ebenfalls rechtliche Bedeutsamkeit, indem durch diese Bestimmung gefordert wird, daß das einzubürgernde "Kind seit fünf Jahren seinen dauernden Aufenthalt im Inland hat" (57).

(4) Auch in den Bestimmungen der §§ 13 und 33 RuStAG ist der Inlandbegriff enthalten. Nach § 13 RuStAG kann ein ehemaliger Deutscher, auch wenn er sich nicht im Inland niedergelassen hat, eingebürgert werden, und nach § 33 Abs. 2 RuStAG kann einem ehemaligen Deutschen, der sich nicht im Inland niedergelassen hat, die deutsche Staatsangehörigkeit verliehen werden. Die Wiedereinbürgerung rassisch Verfolgter ist im Gesetz zur Regelung von Fragen der Staatsangehörigkeit vom 22. Februar 1955 (58) gere-

---

55 Einbürgerungsrichtlinien 1971, abgedruckt in: Das Staatsangehörigkeitsrecht in Deutschland (Bundesrepublik und DDR), 1975, S. 59 (60)

56 BGBl. 1974 I 3714

57 Im Ausführungserlaß des BMI und des AA vom 19.3.1975, GMBl. 319, ist nochmals ausgeführt, daß der dauernde Aufenthalt des Kindes im Inland bei der Geltendmachung des Einbürgerungsanspruchs bestehen muß.

58 BGBl. 1955 I, 65

gelt. § 12 dieses Gesetzes gibt diesem Personenkreis einen Anspruch auf Einbürgerung auch bei Beibehaltung des dauernden Aufenthalts im Ausland. In diesem Zusammenhang ist auch Art. 116 Abs. 2 GG von Bedeutung, wonach diese Personen nicht als ausgebürgert gelten, sofern sie nach dem 8. Mai 1945 ihren Wohnsitz in Deutschland genommen haben. Auch der hier angewandte Deutschlandbegriff umfaßt nach der oben dargelegten Interpretation das gesamte Gebiet des Deutschen Reiches (59).

(5) Schließlich ist der Inlandbegriff auch für den Verlust der deutschen Staatsangehörigkeit von rechtlicher Bedeutung. Nach § 24 RuStAG gilt die Entlassung aus der Staatsangehörigkeit, die gemäß § 17 Ziff. 1 RuStAG erfolgen kann, als nicht erfolgt, wenn der Entlassene beim Ablauf eines Jahres nach Aushändigung der Entlassungsurkunde seinen Wohnsitz oder seinen dauernden Aufenthalt im Inland hat. Nach § 25 RuStAG ist der fehlende Wohnsitz oder der fehlende dauernde Aufenthalt im Inland entscheidendes Kriterium für den Verlust der deutschen Staatsangehörigkeit beim Erwerb einer ausländischen Staatsangehörigkeit.

dd) Die Konsequenzen aus der Anwendung des staatsangehörigkeitsrechtlichen Inlandbegriffs auf das Staatsgebiet der DDR

(1) Ein Ausländer, der sich in der DDR niedergelassen hat, muß nach § 8 RuStAG ebenso eingebürgert werden können wie ein Ausländer, der sich in der Bundesrepublik Deutschland niedergelassen hat. Die Erfüllung der sonstigen für die Einbürgerung erforderlichen Voraussetzungen wird hierbei unterstellt. Jedenfalls kann im Rahmen der sogenannten Ermessenseinbürgerung die durch das Erfordernis der Niederlassung im Inland vorausgesetzte "Einordnung in die deutschen Lebensverhältnisse" (60) nicht mit der Begründung verneint werden, die Niederlassung sei nicht im Inland erfolgt. Das gleiche gilt sinngemäß hinsichtlich des nach § 10 RuStAG geforderten Aufenthalts im Inland. Ein Aufenthalt in der DDR hat die gleiche Wirkung, wobei aber ebenfalls unterstellt wird, daß die sonstigen für die Einbürgerung eines nichtehelichen Kindes geforderten Voraussetzungen erfüllt sind. Auch die nach der Bestimmung des § 24 RuStAG erforderliche Voraussetzung des Verbleibens im Inland und die nach der Bestimmung des § 25 RuStAG für die Beibehaltung der deutschen Staatsangehörigkeit erforderliche Voraussetzung des Inlandwohnsitzes oder des dauernden Inlandaufenthaltes ist bei Wohnsitz oder dauerndem Aufenthalt in der DDR als erfüllt anzusehen.

(2) In den Einbürgerungsrichtlinien ist eine Definition des Inlandbegriffs nicht enthalten; es heißt aber unter den allgemeinen Grundsätzen, die bei

---

59 Makarov, Komm. zum Staatsangehörigkeitsrecht, S. 262, vertritt die Auffassung, daß die Deutschlandbegriffe in Art. 116 Abs. 1 und 2 GG nicht identisch sind.

60 Einbürgerungsrichtlinien 1971, a.a.O., A Ziff. 1

der Ermessensentscheidung zu beachten sind, daß "Ausländer, die sich im Verlauf ihres Aufenthalts im Bundesgebiet in die deutschen Lebensverhältnisse eingefügt haben, ... die erstrebte Einbürgerung erreichen" (61) werden. Daraus muß gefolgert werden, daß nach den Richtlinien unter Inland nur das Gebiet der Bundesrepublik Deutschland verstanden werden soll. Eine solche Einschränkung des staatsangehörigkeitsrechtlichen Inlandbegriffs steht aber im Widerspruch zu der durch das Grundvertragsurteil erkannten Festlegung hinsichtlich des Rechtsstatus Deutschlands und hinsichtlich der deutschen Staatsangehörigkeit.

(3) Allerdings könnte gegen eine Anwendung des staatsangehörigkeitsrechtlichen Inlandbegriffs auf die oben dargelegten Bestimmungen des RuStAG und auf das Gebiet der DDR eingewandt werden, der Sinn und Zweck dieser Einbürgerungsvoraussetzung, nämlich "Einordnung in die deutschen Lebensverhältnisse" werde durch einen Wohnsitz oder Aufenthalt in der DDR deshalb nicht erfüllt, weil sich die Lebensverhältnisse in diesem Gebiet seit 1945 wesentlich anders gestaltet und entwickelt haben als in der Bundesrepublik Deutschland. Nun muß man zwar berücksichtigen, daß die politischen, wirtschaftlichen und gesellschaftlichen Verhältnisse in der DDR grundlegend anders sind als in der Bundesrepublik. Trotzdem kann man diese Verhältnisse aber auch als deutsche Wirklichkeit bezeichnen. Mit den Worten deutsche Lebensverhältnisse sind zwar im Sinne der Einbürgerungsrichtlinien ganz offenbar die Lebensverhältnisse gemeint, die in der Bundesrepublik Deutschland gegeben sind. Jedoch wird ein Ausländer, der in der DDR lebt, dort dauernden Aufenthalt oder Wohnsitz hat, wenn er den Erwerb der deutschen Staatsangehörigkeit anstrebt, auch die in der Bundesrepublik Deutschland gegebenen Lebensverhältnisse zu verstehen bestrebt sein und die dazu gegebenen Möglichkeiten nutzen.

## 4. Zum deutschen Staatsvolk

Nach der verfassungsgerichtlichen Interpretation ist im Grundgesetz die "Auffassung vom gesamtdeutschen Staatsvolk ... verankert" (62). Im Grundvertragsurteil heißt es hinsichtlich des Begriffs Staatsvolk weiter, die Bundesrepublik umfasse, was ihr Staatsvolk anlange, nicht das ganze Deutschland; sie anerkenne ein einheitliches Staatsvolk des Völkerrechtssubjekts "Deutschland" (Deutsches Reich), "zu dem die eigene Bevölkerung als untrennbarer Teil gehört" (63). Schließlich heißt es im Urteil in Bezug auf das Staatsvolk:

---

61 Einbürgerungsrichtlinien 1971, a.a.O., A Ziff. 1

62 Urteil B) III) Ziff. 1 Abs. 1; BVerfGE 36, 16

63 Urteil B) III) Ziff. 1 Abs. 2; BVerfGE 36, 16

"Die klare Rechtsposition jeder Regierung der Bundesrepublik Deutschland ist: Wir haben von der im Grundgesetz vorausgesetzten, in ihm 'verankerten' Existenz Gesamtdeutschlands mit einem deutschen (Gesamt-)Staatsvolk und einer (gesamt-)deutschen Staatsgewalt auszugehen" (64).

a) Begriffsdefinition

Mit der in den obigen Zitaten enthaltenen Auslegung hat das Bundesverfassungsgericht den im Grundgesetz mehrfach verwendeten Begriff "Deutsches Volk" (65) ganz eindeutig dem als Völkerrechtssubjekt fortbestehenden Staat Deutsches Reich zugeordnet. Das deutsche Staatsvolk ist also nicht bloß ein "bundesdeutsches" (66). Es umfaßt vielmehr alle Deutschen in allen Teilen des Staatsgebiets des Deutschen Reiches: in der Bundesrepublik Deutschland, in der DDR und in den Gebieten jenseits von Oder und Neiße (67). Das deutsche (Gesamt-)Staatsvolk ist nach der verfassungsgerichtlichen Interpretation aber nicht als die Summe aller deutschen Menschen im ethnischen Sinne sondern als eine durch alle deutschen Staatsangehörigen gebildete Größe aufzufassen, die Träger der (gesamt-)deutschen Staatsgewalt ist.

---

64 Urteil B) III) Ziff. 2 Abs. 2; BVerfGE 36, 19

65 Präambel, sowie Art. 146 GG

66 So auch Stern, § 8 I) 4 b; allerdings kann der Einschränkung nicht beigepflichtet werden, wonach das deutsche Staatsvolk nur die Deutschen umfasse, die "tatsächlich in der Lage sind, an der Staatswillensbildung teilzuhaben, was Wohnsitz oder Aufenthalt im Bundesgebiet voraussetzt". - Zwar sind die außerhalb der Bundesrepublik Deutschland wohnenden oder sich aufhaltenden Deutschen nicht in der Lage, staatsbürgerliche Rechte für Deutschland wahrzunehmen oder staatsbürgerliche Pflichten zu erfüllen. Dies ändert aber nichts an der statusrechtlichen Zuordnung, wie sie das BVerfG erkannt hat.

67 Die Gebietsteile außerhalb der Bundesrepublik und der DDR sind zwar nicht Gegenstand der Untersuchung hinsichtlich der deutschen Staatsangehörigkeit. Es sollte aber nicht übersehen werden, daß die Zahl der dort lebenden Deutschen nicht gering ist. Nach de Zayas a.a.O., S. 24; hat sich zwar durch Flucht und Vertreibung die Anzahl der Deutschen in den Vertreibungsgebieten erheblich verringert; dennoch waren verblieben bis 1950 in den Ostgebieten des

| | |
|---|---|
| Deutschen Reiches | 1.101.000 |
| in der Tschechoslowakei | 250.000 |
| in den übrigen Ländern | 1.294.000 |
| | 2.645.000 |

Von 1950 bis Ende 1972 hat sich diese Gesamtzahl um 738.000 Spätaussiedler, die in der Bundesrepublik aufgenommen worden sind, verringert. Die Zahl der Spätaussiedler in der DDR ist nicht veröffentlicht.

b) Das deutsche Staatsvolk und das Wiedervereinigungsgebot

(1) Im Grundvertragsurteil heißt es, aus dem Wiedervereinigungsgebot folge, daß kein Verfassungsorgan der Bundesrepublik Deutschland "die Wiederherstellung der staatlichen Einheit als politisches Ziel aufgeben" dürfe (68). Bei dieser Zielsetzung könnte sich die Meinung bilden, das deutsche Staatsvolk sei nur Objekt der auf die staatliche Einheit gerichteten Wiedervereinigung. Eine solche Auffassung würde jedoch dem Wesen des deutschen Staatsvolkes als Träger der Staatsgewalt und Subjekt der verfassungsgebenden Gewalt nicht gerecht und entspricht nicht der Auffassung, die nach der verfassungsgerichtlichen Aussage im Grundgesetz vorausgesetzt ist. Damit hat das Bundesverfassungsgericht hinsichtlich des Begriffs deutsches Staatsvolk eine Auslegung erkannt und festgelegt, die im Zusammenhang mit dem Wiedervereinigungsgebot zu bewahren ist "als klare Rechtsposition jeder Regierung der Bundesrepublik Deutschland" (69). Im Zusammenhang mit dem Wiedervereinigungsgebot ist vom Bundesverfassungsgericht auch der Begriff deutsche Nation als legitim verwendbar erachtet worden, allerdings mit der Maßgabe, daß "darunter auch ein Synonym für das 'deutsche Staatsvolk' verstanden" werde (70).

(2) Das Bundesverfassungsgericht hat damit die Fortexistenztheorie auf ihren eigentlichen Kern zurückgeführt (71), nämlich auf das deutsche Volk als Träger des pouvoir constituant (72). Die nationale Frage besteht für die Bundesrepublik darin, "daß sie nach wie vor das einheitliche deutsche Volk als Träger der deutschen Staatsgewalt, d.h. einer gesamtdeutschen Staatsgewalt, ansieht" (73).

(3) Das deutsche Volk hat sich in dieser Eigenschaft, soweit es im Jahre 1949 mit Einverständnis und Duldung der Besatzungsmächte seinen Willen kundtun durfte, als Staatsvolk des fortexistierenden Deutschen Reiches verstanden, was sowohl im Grundgesetz als auch sogar in der ersten Verfassung der DDR zum Ausdruck gebracht worden ist (74), und es ist nach

---

68 Urteil B) III) Ziff. 2 Abs. 2; BVerfGE 36, 17, 18

69 Urteil B) III) Ziff. 2 Abs. 2; BVerfGE 36, 19

70 Urteil B) III) Ziff. 2 Abs. 2; BVerfGE 36, 19

71 Schramm, a.a.O., S. 14

72 Schramm, wie oben

73 Ress, a.a.O., S. 89

74 siehe oben S. 12, sowie Schramm, a.a.O., S. 15, der auch darauf hinweist, daß der Rechtsstandpunkt der DDR sich in dem Maße, in dem eine Selbständigkeit gegenüber der Bundesrepublik angestrebt wurde, gewandelt hat.

wie vor Subjekt für die Realisierung des Wiedervereinigungsgebots; es ist trotz der Aufteilung des Staatsgebietes des Deutschen Reiches als Einheit vorhanden und als eine Größe zu sehen, die fortexistiert.

(4) Das auf die Wiederherstellung der staatlichen Einheit als politisches Ziel aufgegebene Verhalten geht aus von dem Vorhandensein der Einheit des deutschen Volkes, für das die staatliche Einheit wieder geschaffen werden soll. Bei dieser Ausgangslage, dieser Voraussetzung und dieser Zielsetzung ist das dem deutschen Volk zustehende Recht auf Selbstbestimmung ein solches, dessen Trägerschaft bei der als vorhanden vorausgesetzten Einheit des Volkes liegt. Unter den gegenwärtigen politischen Verhältnissen hat das deutsche Volk nur in der Bundesrepublik Deutschland die Organe, die "berechtigt und durch die Sachnähe in einer besonderen Weise legitimiert" sind, "sich im vollen Umfang für die Verwirklichung des Selbstbestimmungsrechts einzusetzen" (75). Zwar wird bei einer Durchführung von Maßnahmen zur Verwirklichung des Selbstbestimmungsrechts auch der einzelne Angehörige des deutschen Volkes in seiner Eigenschaft als Staatsbürger tätig - sei es im Rahmen einer Volksabstimmung oder einer Wahl - ; diese insoweit den Einzelnen betreffende Ausübung des Selbstbestimmungsrechts, die es als ein auf den Einzelnen bezogenes Menschenrecht erscheinen läßt (76), kann jedoch nicht dazu führen, die für das Selbstbestimmungsrecht des deutschen Volkes vorausgesetzte Einheit und Trägerschaft zu negieren (77).

c) Das deutsche Staatsvolk und die deutsche Staatsangehörigkeit

(1) Mit dieser Auffassung des einheitlichen deutschen Staatsvolkes im Sinne aller deutschen Staatsangehörigen als fortexistierender Größe verlagert sich die mit der nationalen Frage verbundene Problematik auf die für die deutsche Staatsangehörigkeit konstituierenden Vorgänge (78). Für das Staats-

---

75 Blumenwitz, Die grenzbezogenen Regelungen der KSZE und die Bundesrepublik, in: Partnerschaft mit dem Osten, S. 239

76 Wengler, Das Offenhalten der deutschen Frage, in: Fünf Jahre Grundvertragsurteil des Bundesverfassungsgerichts, S. 327 f, vertritt die Auffassung, das Selbstbestimmungsrecht müsse, um den Selbstbestimmungsgedanken in der ganzen Welt verwendbar zu machen, als ein Menschenrecht, d.h. ein Recht menschlicher Individuen verstanden werden.

77 Auch Hacker, Das Selbstbestimmungsrecht und die Zukunft Deutschlands, in: Finis Germaniae?, S. 138 ff, weist darauf hin, daß die Bundesregierung nach wie vor das ganze deutsche Volk als Träger des Selbstbestimmungsrechts betrachtet; er zitiert die Bemerkung Kimminichs, der das gesamte deutsche Volk als "eine einheitliche Selbstbestimmungsgruppe" bezeichnet hat.

78 Ress, a.a.O., S. 89 und Anm. 228 dort

angehörigkeitsrecht liegt die Bedeutung dieser Begriffsdefinition darin, daß eine Erstreckung der staatsangehörigkeitsrechtlichen Positionen auch für diejenigen Deutschen anzuerkennen ist, die außerhalb der Bundesrepublik Deutschland Wohnsitz und Aufenthalt haben. Diese Erstreckung ist - wie das Bundesverfassungsgericht erkannt hat - im Grundgesetz "verankert".

(2) Wenn die Bundesrepublik Deutschland "ein einheitliches Staatsvolk des Völkerrechtssubjekts 'Deutschland' (Deutsches Reich)" anerkennt (78a), ist mit diesem Begriff des deutschen Staatsvolkes und seiner Beziehung zu Deutschland gleichzeitig auch ein einheitliches Staatsangehörigkeitsrecht anzuerkennen; denn ein Staat kann ein einheitliches Staatsvolk nur über die für alle gleichermaßen gültigen Normen des Staatsangehörigkeitsrechts haben.

## II. Die unmittelbaren Aussagen des Grundvertragsurteils zur deutschen Staatsangehörigkeit

Das Grundvertragsurteil enthält mehrere Aussagen, die die deutsche Staatsangehörigkeit unmittelbar betreffen. Diese Aussagen beinhalten im Zusammenhang mit der zum Rechtsstatus Deutschlands erfolgten Interpretation des Grundgesetzes und des Grundvertrags Konkretisierungen des Staatsangehörigkeitsrechts in seiner verfassungsrechtlichen Festlegung. Sie sind auf die Zukunft ausgerichtet; denn dadurch soll das der Bundesrepublik Deutschland aufgegebene Bemühen um Wiederherstellung der Einheit des Deutschen Reiches unterstützt werden.

Indem das Bundesverfassungsgericht das Recht der deutschen Staatsangehörigkeit in wesentlichen Punkten festgelegt und umschrieben hat, wollte es die einheitliche Behandlung dieses Rechtsinstituts in seiner verfassungsrechtlichen Grundstruktur sicherstellen und damit dem deutschen Staatsvolk als "rechtliche(r) Klammer für die Fortexistenz Gesamtdeutschlands" (79) seinen Wirkungseffekt erhalten. Deshalb hat das Bundesverfassungsgericht wohl auch im Grundvertragsurteil über dieses Rechtsinstitut umfangreiche und ins einzelne gehende Aussagen gemacht, obwohl der Umstand, daß weder im operativen Teil noch in der Präambel des Grundvertrags das Staatsangehörigkeitsrecht unmittelbar behandelt worden ist und aufgrund der Erklärungen der Vertragspartner vom Grundvertrag nicht berührt werden sollte, einer Interpretation entgegenzustehen scheint (80).

---

78a Urteil B) III) Ziff. 1 Abs. 2; BVerfGE 36, 16

79 Urteil B) III) Ziff. 2 Abs. 2; BVerfGE 36, 19

80 Vgl. hierzu die Auffassung von Rupp v. Brünneck in: Finis Germaniae,

Für den funktionalen Wirkungseffekt der deutschen Staatsangehörigkeit ist ihre personale Erstreckung wichtig. Deshalb sollen zunächst die hierfür in Betracht kommenden Aussagen behandelt werden. Sodann sollen die Aussagen, die sich auf die Regelungskompetenz für die deutsche Staatsangehörigkeit beziehen, untersucht werden, weil insoweit ebenfalls der funktionale Wirkungseffekt berührt wird, und schließlich soll das Staatsbürgerschaftsrecht der DDR in seiner Bedeutung für die deutsche Staatsangehörigkeit im Hinblick auf die Regelungskompetenz behandelt werden.

1. Die personale Erstreckung der deutschen Staatsangehörigkeit

Eine Antwort auf die Frage, auf welchen Personenkreis sich die deutsche Staatsangehörigkeit erstreckt, läßt sich aus mehreren Aussagen des Grundvertragsurteils ableiten.

a) "Art. 16 GG geht davon aus, daß die 'deutsche Staatsangehörigkeit', die auch in Art. 116 Abs. 1 GG in Bezug genommen ist, zugleich die Staatsangehörigkeit der Bundesrepublik Deutschland ist. Deutscher Staatsangehöriger im Sinne des Grundgesetzes ist also nicht nur der Bürger der Bundesrepublik Deutschland" (81).

(1) Diese Sätze hat das Bundesverfassungsgericht in seiner Entscheidungssammlung als Leitsätze unter Nr. 8 dem Urteil vorangestellt. Das zeigt die Bedeutung, die dieser Aussage zukommt. Wenn nach dieser verfassungsgerichtlichen Interpretation der Art. 16 und 116 Abs. 1 GG die deutsche Staatsangehörigkeit "zugleich die Staatsangehörigkeit der Bundesrepublik Deutschland ist", dann impliziert diese Aussage, daß die deutsche Staatsangehörigkeit auch noch ein anderes Bezugsobjekt hat, nämlich Deutschland oder das Deutsche Reich. Das Bundesverfassungsgericht hat das zwar mit der oben angegebenen Aussage nicht ausdrücklich erklärt. Aber aus dem Sinnzusammenhang, in dem diese Aussage gemacht ist, ergibt sich, daß das Bundesverfassungsgericht mit dem Begriff der deutschen Staatsangehörigkeit die Angehörigkeitsbeziehung zum Deutschen Reich gemeint hat.

---

Kasseler Herbert Krüger-Symposium, S. 69, 70 und 77, wonach die eingehenden Ausführungen des Gerichts zur Staatsangehörigkeitsfrage nur obiter dicta seien. Nach Jens Hacker a.a.O., wie oben S. 74, hat das Gericht "einer möglichen Aufweichung des Staatsangehörigkeitsrechts durch die Exekutive einen Riegel vorgeschoben". Auch Rauschning, a.a.O., S. 74, 75 hat den Standpunkt vertreten, daß das BVerfG, wenn es an dem Maßstab der einheitlichen Staatsangehörigkeit habe messen wollen, kaum daran vorbeigekommen sei, die Auswirkungen des Grundvertrags für die Staatsangehörigkeit zu untersuchen.

81 Urteil B) V) Ziff. 5 Abs. 2; BVerfGE 36, 2, 30

(2) Die Gleichsetzung der deutschen Staatsangehörigkeit als Angehörigkeitsbeziehung zum Deutschen Reich und zugleich zur Bundesrepublik Deutschland beruht auf der Auffassung von der Fortexistenz Deutschlands und auf der Vorstellung von der Identität der Bundesrepublik Deutschland mit dem Deutschen Reich. Das Rechtsinstitut der deutschen Staatsangehörigkeit ist danach Ausdruck und Verwirklichung dieser Kontinuitätsauffassung.

(3) In keiner Bestimmung des Grundgesetzes ist zwar ausdrücklich gesagt, auf welches Bezugsobjekt durch die deutsche Staatsangehörigkeit die Angehörigkeitsbeziehung hergestellt wird; es kann jedoch, wie bereits oben dargelegt (82), durch Interpretation der Bestimmungen des Grundgesetzes gefunden werden, was das Grundgesetz mit diesem Begriff ausgesagt hat. Durch verfassungsgerichtliche Interpretation ist nun im Grundvertragsurteil authentisch festgelegt worden, daß Bezugsobjekt der deutschen Staatsangehörigkeit das Deutsche Reich ist. Mit der Feststellung, daß Deutscher nicht nur der Bürger der Bundesrepublik Deutschland sei, hat das Bundesverfassungsgericht den Inhalt der dem Rechtsinstitut der deutschen Staatsangehörigkeit zuzuordnenden Angehörigkeitsbeziehung verdeutlicht.

b) "Bürger der Deutschen Demokratischen Republik"

(1) Im gleichen Absatz hat das Bundesverfassungsgericht "die Bürger der Deutschen Demokratischen Republik" ausdrücklich erwähnt mit dem Hinweis, wenn sie "im Geltungsbereich des Grundgesetzes nicht mehr als Deutsche im Sinne des Art. 16 und des Art. 116 Abs. 1 GG behandelt werden dürften, so stünde er (der Grundvertrag) eindeutig im Widerspruch zum Grundgesetz". Damit hat das Bundesverfassungsgericht nochmals ausdrücklich klargestellt, daß sich die deutsche Staatsangehörigkeit auch auf die Bürger der DDR erstreckt, und daß diese Erstreckung durch den Grundvertrag nicht berührt und mithin auch nicht beeinträchtigt worden ist; es hat gleichzeitig mit dieser Auslegung des Grundgesetzes und des Grundvertrags allen Verfassungsorganen, staatlichen Behörden und Gerichten der Bundesrepublik Deutschland die Verpflichtung auferlegt, auch in Zukunft die Bürger der DDR als deutsche Staatsangehörige zu behandeln.

(2) Die DDR hatte zunächst in ihrer Verfassung vom 7. Oktober 1949 an der einheitlichen deutschen Staatsangehörigkeit festgehalten (82a) und auch an der Fortgeltung des Reichs- und Staatsangehörigkeitsgesetzes (82b). Auch in den Ländern der sowjetischen Besatzungszone hatten vor dem Inkrafttreten der Verfassung der DDR von 1949 keine Zweifel daran bestanden, daß die deutsche Staatsangehörigkeit weiterbestand (83). Allerdings hat

---

82 siehe oben, S. 21 ff

82a siehe oben, S. 12

82b siehe oben, S. 12

83 Makarow, Kommentar zum deutschen Staatsangehörigkeitsrecht, S. 22, sowie oben S. 21

sich nach der DDR-Staatslehre aus dem Umstand, "daß die für ein einheitliches antifaschistisch-demokratisches Gesamtdeutschland konzipierte Verfassung nur für die DDR in Kraft gesetzt werden konnte, die entscheidende Konsequenz für ihren Wirkungsbereich" ergeben, und infolgedessen habe der die Staatsangehörigkeit betreffende Verfassungssatz den Aussagewert erhalten: "Es gibt in der Arbeiter- und Bauernmacht der DDR nur eine Staatsbürgerschaft; eigene Bürgerschaften der damals bestehenden Länder, z.B. Sachsens oder Thüringens, sind nicht möglich. Von einem Bekenntnis zu einer einheitlichen deutschen Staatsangehörigkeit, die gleichermaßen die Staatsbürgerschaft der sozialistischen DDR wie die der imperialistischen BRD umfaßt, konnte daher nie die Rede sein" (84). Aber erst durch das Staatsbürgerschaftsgesetz der DDR vom 20. Februar 1967 (85) wurde die eigene Staatsbürgerschaft der DDR geschaffen und gleichzeitig gemäß § 19 Abs. 2 des Staatsbürgerschaftsgesetzes das Reichs- und Staatsangehörigkeitsgesetz außer Kraft gesetzt.

## 2. Die Regelungskompetenz für die deutsche Staatsangehörigkeit

Durch die Feststellung, daß auch die Bürger der DDR die deutsche Staatsangehörigkeit haben, ist die Problematik aufgeworfen, ob und gegebenenfalls in welchem Umfang der Bundesrepublik Deutschland eine Regelungskompetenz hinsichtlich der deutschen Staatsangehörigkeit für die Bürger der DDR zusteht. Das Grundvertragsurteil enthält Aussagen, die auch zur Lösung dieser Frage herangezogen werden können, und die nachstehend interpretiert werden.

### a) Die für die Regelungskompetenz in Betracht kommenden Aussagen

aa) "Für die Bundesrepublik Deutschland verliert ein Deutscher diese deutsche Staatsangehörigkeit nicht dadurch, daß sie ein andrer Staat aberkennt. Eine solche Aberkennung darf die Bundesrepublik Deutschland nicht rechtlich anerkennen; sie ist für sie ohne Wirkung" (86).

(1) Diese Aussage stellt ab auf Maßnahmen anderer Staaten in Bezug auf die deutsche Staatsangehörigkeit. Das Staatsangehörigkeitsrecht kann nur innerstaatlich geregelt werden. Die mit der Aussage erfolgte Klarstellung, daß ein Verlust der deutschen Staatsangehörigkeit durch Aberkennung seitens anderer Staaten nicht eintritt, ist deshalb so bedeutsam, weil durch sie die Bezogenheit der deutschen Staatsangehörigkeit auf das Deutsche Reich und

---

84 Autorenkollektiv Assmann u.a., a.a.O., S. 156

85 siehe oben, S. 12

86 Urteil B) V) Ziff. 5 Abs. 2; BVerfGE 36, 30

mithin auf die mit diesem Staat als Völkerrechtssubjekt identische Bundesrepublik Deutschland noch einmal besonders hervortritt.

(2) Zugleich ist damit aber auch ausgesagt, daß eine Regelungskompetenz hinsichtlich der deutschen Staatsangehörigkeit, jedenfalls soweit es sich um deren Aberkennung handelt, anderen Staaten nicht zusteht, also auch nicht der DDR, sondern allein der Bundesrepublik Deutschland; sie hat, soweit es sich um die Kompetenz zur Regelung des Rechts der deutschen Staatsangehörigkeit und hierbei um deren Aberkennung handelt, nach der oben zitierten Aussage des Bundesverfassungsgerichts die Befugnis, Hoheitsgewalt auszuüben für alle deutschen Staatsangehörigen, also auch für die, die außerhalb des Geltungsbereichs des Grundgesetzes Wohnsitz und ständigen Aufenthalt haben.

(3) Die im Staatsbürgerschaftsgesetz der DDR geregelte Aberkennung der Staatsbürgerschaft der DDR wegen grober Verletzung der staatsbürgerlichen Pflichten (§ 13 StBG) und auch der in diesem Gesetz geregelte Widerruf der Verleihung wegen falscher Angaben des Antragstellers oder wegen grober Mißachtung der übernommenen Verpflichtungen (§ 12 Abs. 1 a) und b) StBG) haben für den betroffenen Personenkreis keine Rechtswirkung hinsichtlich der deutschen Staatsangehörigkeit (87). Denn nach Art. 16 Abs. 1 Satz 2 GG darf der Verlust der Staatsangehörigkeit nur aufgrund eines Gesetzes und gegen den Willen des Betroffenen nur dann eintreten, wenn der Betroffene dadurch nicht staatenlos wird. Nach dieser zwingenden Vorschrift des Grundgesetzes sind ganz bestimmte Tatbestandsvoraussetzungen zu erfüllen, wenn gegen den Willen eines Betroffenen der Verlust der Staatsangehörigkeit eintreten soll. Die Aberkennungsmaßnahme muß auf einem Gesetz beruhen - m.a.W.: Der Tatbestand, bei dessen Erfüllung der Verlust der Staatsangehörigkeit eintritt, muß "durch Rechtssatz bestimmt sein, wobei es umstritten ist, ob die Umschreibung nur in einem formellen Gesetz oder auch aufgrund eines Gesetzes durch Rechtsverordnung erfolgen kann" (88) -, und der Verlust der Staatsangehörigkeit darf nur dann eintreten, wenn der Betroffene dadurch nicht staatenlos wird. Die Bundesrepublik Deutschland ist an diese Vorschriften des Grundgesetzes gegenüber allen deutschen Staatsangehörigen gebunden.

(4) Diese Bindung gilt zwar nicht für andere Staaten. Trotzdem können andere Staaten den Verlust der deutschen Staatsangehörigkeit außerhalb der durch das Grundgesetz geschaffenen Regelung mit Wirksamkeit gegen die Bundesrepublik Deutschland nicht herbeiführen, und zwar deshalb nicht, weil die deutsche Staatsangehörigkeit kein anderes Angehörigkeitsverhält-

---

87 Hierauf hat Tiemann in seinem Aufsatz "Zur Rechtsverbindlichkeit von Staatsangehörigkeitsakten der DDR für die Bundesrepublik" in: DÖV 1972/73 bis 81 (81) bereits vor Erlaß des Grundvertragsurteils hingewiesen.

88 Schmidt-Bleibtreu, Klein a.a.O., Anm. 8 zu Art. 16 GG

nis als das zum Deutschen Reich begründen kann. Der Bundesrepublik Deutschland gegenüber sind deshalb etwaige Aberkennungsmaßnahmen anderer Staaten ohne Wirkung; sie darf derartige Maßnahmen rechtlich nicht anerkennen. Das ist im Grundvertragsurteil eindeutig festgelegt. Damit hat das Bundesverfassungsgericht zugleich erkannt, daß der Bundesrepublik die alleinige Regelungskompetenz hinsichtlich der Aberkennung der deutschen Staatsangehörigkeit zusteht.

bb) "Der Vertrag bedarf weiter der Auslegung, daß - unbeschadet jeder Regelung des Staatsangehörigkeitsrechts in der Deutschen Demokratischen Republik - die Bundesrepublik Deutschland jeden Bürger der Deutschen Demokratischen Republik, der in den Schutzbereich der Bundesrepublik und ihrer Verfassung gerät, gemäß Art. 116 Abs. 1 und 16 GG als Deutschen wie jeden Bürger der Bundesrepublik behandelt" (89)

Die mit dieser Aussage des Grundvertragsurteils der Bundesrepublik Deutschland aufgegebene Verpflichtung, in ihrem Schutzbereich jeden Bürger der Deutschen Demokratischen Republik wie jeden Bürger der Bundesrepublik zu behandeln, kann nur erfüllt werden, wenn der Bundesrepublik Deutschland hinsichtlich des Rechts der deutschen Staatsangehörigkeit die Regelungskompetenz auch für die Bürger der DDR zusteht.

Diese Auslegung läßt sich wie folgt begründen:

(1) Die in der oben zitierten Aussage erfolgte verfassungsgerichtliche Festlegung auf staatsangehörigkeitsrechtliche Gleichbehandlung jedes Bürgers der DDR mit jedem Bürger der Bundesrepublik läßt sich daraus ableiten, daß die deutsche Staatsangehörigkeit auf das Deutsche Reich als Staat bezogen ist, also nur ein Bezugsobjekt hat. Die Einheit des Bezugsobjekts könnte zur Folge haben, daß die Angehörigkeitsbeziehung einheitlich zu regeln ist. Eine einheitliche Regelung läßt sich aber nur durchführen und ist nur dann gewährleistet, wenn sie von einer Stelle ausgeht, die Regelungskompetenz also bei einem Staat liegt.

(2) Ob eine einheitliche Regelung und Ausgestaltung der deutschen Staatsangehörigkeit unbedingt erforderlich ist, oder ob die deutsche Staatsangehörigkeit als Rechtsinstitut auch bei unterschiedlicher Regelung und Ausgestaltung bestehen bleiben könnte, hängt davon ab, ob und inwieweit eine unterschiedliche Regelung und Ausgestaltung den Wesenskern dieses Rechtsinstituts berühren oder beeinträchtigen würde. Würde letzteres nicht eintreten, dann könnte auch eine unterschiedliche Regelung und Ausgestaltung der deutschen Staatsangehörigkeit für verschiedene Personenkreise bejaht werden. Bei einer bundesstaatlichen Ausgestaltung ist aufgrund der Gliedstaatskompetenzen auch eine unterschiedliche Regelung des Staatsangehö-

---

89 Urteil B) V) Ziff. 5 Abs. 3; BVerfGE 36, 31

rigkeitsrechts möglich, ohne daß die Bezogenheit auf den Gesamtstaat dadurch gehindert würde.

(3) Ob bundesstaatliche Kriterien auf die Angehörigkeitsbeziehungen angewandt werden können, hängt ab von der Verfassung und dem durch sie geregelten Staatsangehörigkeitsrecht. Für das Deutsche Reich ist zwar in der mit diesem Staat identischen Bundesrepublik Deutschland die bundesstaatliche Struktur, die bis 1934 bestanden hatte, wiederhergestellt worden. Das Staatsangehörigkeitsrecht ist jedoch nicht geändert worden; denn die Verordnung über die deutsche Staatsangehörigkeit vom 5. Februar 1934, durch die die deutsche Staatsangehörigkeit als unmittelbare Rechtsbeziehung zum Deutschen Reich geschaffen worden war, ist nicht aufgehoben worden (90). Hinsichtlich anderer Bestimmungen, die auf dem Gebiet des Staatsangehörigkeitsrechts in den Jahren von 1933 bis 1945 ergangen waren und deren Rechtswirkung nach 1945 umstritten war, sind zum Zwecke der Klarstellung nach 1949 gesetzliche Regelungen ergangen (91). Das ist aber bezüglich der Verordnung von 1934 nicht geschehen. Daraus kann man folgern, daß trotz der Wiederherstellung der bundesstaatlichen Gliederung Deutschlands die auf den Gesamtstaat bezogene Angehörigkeitsbeziehung bestehenbleiben sollte. Die gleiche Folgerung kann man aus der Übernahme des Begriffs der deutschen Staatsangehörigkeit in das Grundgesetz ableiten.

(4) Auch in einem Staat mit bundesstaatlicher Struktur kann das Staatsangehörigkeitsrecht so geregelt sein, daß es eine unmittelbare Rechtsbeziehung zum Gesamtstaat herstellt und der Regelungskompetenz des Gesamtstaates unterliegt; die bundesstaatliche Struktur muß nicht unbedingt so gestaltet sein, daß den Ländern oder Gliedstaaten hinsichtlich des Staatsangehörigkeitsrechts die volle und alleinige Regelungskompetenz zusteht. Auch Österreich, das eine bundesstaatliche Struktur hat, hat das Staatsangehörigkeitsrecht so gestaltet, daß dem Gesamtstaat die Regelungskompetenz zugeordnet ist (92).

(5) Geht man davon aus, daß trotz der bundesstaatlichen Struktur der Bundesrepublik Deutschland durch das grundgesetzlich verankerte Rechtsinstitut der deutschen Staatsangehörigkeit eine unmittelbare Zuordnung des deutschen Staatsangehörigen zum Gesamtstaat geschaffen worden ist, dann han-

---

90 siehe oben, S. 12, 16 und 77

91 Vgl. hierzu BVerfGE 14, 151 und das Gesetz zur Regelung von Fragen der Staatsangehörigkeit vom 22. Februar 1955 (BGBl. I, 65), das Zweite Gesetz zur Regelung von Fragen der Staatsangehörigkeit vom 17. Mai 1956 (BGBl. I, 471) und das Dritte Gesetz zur Regelung von Fragen der Staatsangehörigkeit vom 19. August 1957 (BGBl. I, 1251).

92 Vgl. Koja, Das Verfassungsrecht der österreichischen Bundesländer, S. 56 ff

delt es sich bei der Unmittelbarkeit des Zuordnungsverhältnisses zum Gesamtstaat um den Wesenskern dieses Rechtsinstituts. Das gilt deshalb, weil das Zuordnungsverhältnis für die Ausgestaltung des Staatsangehörigkeitsrechts grundlegende Bedeutung hat. Danach kann davon ausgegangen werden, daß die Unmittelbarkeit des Zuordnungsverhältnisses eine unterschiedliche Ausgestaltung der deutschen Staatsangehörigkeit nicht zuläßt. Das bedeutet, daß die Regelungskompetenz nicht aufgeteilt werden kann. Sie steht mithin allein der Bundesrepublik Deutschland zu für alle Deutschen.

b) Die Regelungskompetenz und der Grundvertrag

(1) Dieser Regelungskompetenz steht der Grundvertrag nicht entgegen. Zwar ist durch Art. 6 dieses Vertrags die Hoheitsgewalt wechselseitig beschränkt worden. Da jedoch die Staatsangehörigkeitsfrage aufgrund der zum Vertragswerk gehörenden Erklärungen hierzu von den vertraglichen Regelungen nicht berührt werden soll, und da in die Präambel des Grundvertrags überdies der Dissens zur nationalen Frage aufgenommen worden ist, kann einer auf das Staatsangehörigkeitsrecht reduzierten Regelungskompetenz der Bundesrepublik Deutschland die wechselseitige Beschränkung der Hoheitsgewalt nicht entgegengehalten werden.

(2) Deshalb ist es auch nicht gerechtfertigt, wenn die DDR die Inanspruchnahme der Regelungskompetenz durch die Bundesrepublik Deutschland für alle deutschen Staatsangehörigen beanstandet. Das gilt vor allem auch deshalb, weil die Inanspruchnahme der Regelungskompetenz nicht mit dem Anspruch verbunden wird, auf die DDR dahin einzuwirken, die staatsangehörigkeitsrechtlichen Regelungen der Bundesrepublik Deutschland nachzuvollziehen.

(3) Die Bundesrepublik Deutschland kann aus ihrem Identitätsverständnis gesetzgeberische und verwaltungsrechtliche Maßnahmen für alle deutschen Staatsangehörigen treffen, wenn dies auch unter Verzicht auf Durchsetzung dieser Maßnahmen solange geschieht, bis die außerhalb der Bundesrepublik Deutschland lebenden deutschen Staatsangehörigen in den Schutzbereich der Bundesrepublik gelangen. Wegen der rechtlichen und tatsächlichen Unmöglichkeit, die Wirksamkeit derartiger Maßnahmen außerhalb des Geltungsbereichs des Grundgesetzes durchzusetzen, was auf der vom Bundesverfassungsgericht erkannten Beschränkung der Ausübung von Hoheitsgewalt auf diesen Bereich beruht, sind staatsangehörigkeitsrechtliche Maßnahmen für die außerhalb des Schutzbereichs der Bundesrepublik Deutschland befindlichen deutschen Staatsangehörigen eben nur bedingt wirksam. Diese Beschränkung im Vollzug der hoheitlichen Staatsangehörigkeitsmaßnahmen bedeutet jedoch nicht eine Beschränkung der Regelungskompetenz sondern lediglich eine solche der Durchsetzung derselben.

3. Die Bedeutung des Staatsangehörigkeitsrechts in der DDR für die deutsche Staatsangehörigkeit im Hinblick auf die Regelungskompetenz

In der oben unter 2. a) bb) zitierten Aussage des Bundesverfassungsgerichts (93) ist bemerkenswert, daß die Behandlung der Bürger der Deutschen Demokratischen Republik durch die Bundesrepublik Deutschland zu erfolgen habe "unbeschadet jeder Regelung des Staatsangehörigkeitsrechts in der Deutschen Demokratischen Republik". Damit hat das Bundesverfassungsgericht die Regelung des Staatsangehörigkeitsrechts in der DDR in seine Interpretation einbezogen.

a) Die Unbeschadetheit der Staatsangehörigkeitsregelung in der DDR

Der Hinweis auf die Unbeschadetheit der Staatsangehörigkeitsregelung in der DDR ist erfolgt im Zusammenhang mit der der Bundesrepublik aufgegebenen Gleichbehandlung jedes Bürgers der DDR als deutschen Staatsangehörigen. Das Bundesverfassungsgericht könnte damit klargestellt haben, daß diese Gleichbehandlung keinen nachteiligen Einfluß auf die Regelung des Staatsangehörigkeitsrechts in der DDR haben soll (94). Ob eine derartige Auslegung der verfassungsgerichtlichen Interpretation dem Sinn der Präposition "unbeschadet", wie er diesem Wort an dieser Stelle beizulegen ist, entspricht, kann allerdings bezweifelt werden, wenn man den Satz, in dem diese Präposition steht, im Zusammenhang liest und das Schwergewicht der Aussage in der Betonung der Gleichbehandlung erblickt. Dann nämlich hat die Präposition "unbeschadet" den Sinn des Wortes "trotz" (95). Eine solche Auslegung besagt dann, daß die Bundesrepublik Deutschland in ihrem Schutzbereich jeden Bürger der DDR wie ihren Bürger behandeln soll, wobei die Regelung des Staatsangehörigkeitsrechts in der DDR auf diese Gleichbehandlung keinerlei Einfluß haben soll.

b) Der Gleichbehandlungsgrundsatz

Die Betonung des Gleichbehandlungsgrundsatzes ergibt sich aus dem Satzaufbau und aus dem Zusammenhang, in dem diese Aussage steht. Vorher heißt es im Urteil, der Vertrag stünde eindeutig im Widerspruch zum Grundgesetz, wenn "die Bürger der Deutschen Demokratischen Republik im Geltungsbereich des Grundgesetzes nicht mehr als Deutsche im Sinne des Art. 16 und des Art. 116 Abs. 1 GG behandelt werden dürften", und

---

93 siehe oben S. 89

94 so Ress a.a.O., S. 98, nach dem die Präposition "unbeschadet" besagt "ohne Schaden für"; Ress weist in Anm. 246 hin auf die Definition in: Der Große Duden, Bd. 10, Bedeutungswörterbuch (1970) S. 687

95 Vgl. hierzu Brockhaus Enzyklopädie 1976, Bildwörterbuch der deutschen Sprache, 24. Band, S. 726

der Vertrag bedürfe daher, "um verfassungskonform zu sein, der Auslegung, daß die Deutsche Demokratische Republik auch in dieser Beziehung nach dem Inkrafttreten des Vertrags für die Bundesrepublik Deutschland nicht Ausland geworden" sei. Im Anschluß an die zitierte Aussage heißt es, der Bürger der DDR genieße deshalb - nämlich wegen des Gleichbehandlungsgrundsatzes -, soweit er in den Geltungsbereich des Grundgesetzes gerate, "auch den vollen Schutz der Gerichte der Bundesrepublik und alle Garantien der Grundrechte des Grundgesetzes, einschließlich des Grundrechts aus Art. 14 GG". Alle diese Auswirkungen des Gleichbehandlungsgrundsatzes sollen nach dieser Aussage trotz "jeder Regelung des Staatsangehörigkeitsrechts in der Deutschen Demokratischen Republik" erfolgen. Die Tatsache, daß das Staatsangehörigkeitsrecht in der DDR geregelt worden ist, soll also unberücksichtigt bleiben und im Geltungsbereich des Grundgesetzes keinerlei Wirkung auf die deutsche Staatsangehörigkeit entfalten; jegliche Regelung des Staatsangehörigkeitsrechts in der DDR soll die mit der deutschen Staatsangehörigkeit verbundene Rechtsposition unberührt lassen.

c) Die Problematik hinsichtlich des Erwerbs der deutschen Staatsangehörigkeit und verschiedene hierzu vertretene Auffassungen, insbesondere die dualistische Regelungskompetenz nach Zieger

Die Tatsache allerdings, daß das Bundesverfassungsgericht den Begriff des "Bürgers der Deutschen Demokratischen Republik" verwandt und ihn damit in seine Aussage einbezogen hat sowie ihn in Verbindung gebracht hat mit der auch ihm zustehenden Rechtsposition der deutschen Staatsangehörigkeit, ergibt folgende Problematik: Wer Bürger der DDR geworden ist oder werden wird, regelt die DDR nach den Bestimmungen ihres Staatsbürgerschaftsgesetzes. Da jeder Bürger der DDR ebenso wie jeder Bürger der Bundesrepublik Deutschland die deutsche Staatsangehörigkeit hat - wie das Bundesverfassungsgericht erkannt hat -, folgt, daß mithin die DDR eine sich allerdings nur mittelbar auf die deutsche Staatsangehörigkeit auswirkende Regelungskompetenz hat, nur mittelbar deshalb, weil die für den Erwerb der Staatsbürgerschaft der DDR in Betracht kommenden Bestimmungen im Staatsbürgerschaftsgesetz geregelt sind. Diese Regelungskompetenz ist aber nur auf den Erwerbsvorgang beschränkt.

Die Problematik zeigt sich bei dem Erwerb der Staatsbürgerschaft der DDR durch Verleihung. Es handelt sich hierbei um die Frage, ob alle von der DDR insoweit getroffenen Maßnahmen des Erwerbs der Staatsbürgerschaft von der Bundesrepublik Deutschland anerkannt werden können oder anerkannt werden müssen.

Von den verschiedenen Auffassungen, die bezüglich der Bedeutung des Staatsangehörigkeitsrechts in der DDR hinsichtlich der Regelungskompetenz vertreten werden, sollen die außer Betracht bleiben, die vom Untergang Deutschlands ausgehen und darauf abstellen, daß es überhaupt keine einheitliche deutsche Staatsangehörigkeit mit einer Erstreckung auf die

Bürger der DDR gibt; denn für diese Arbeit ist die durch das Bundesverfassungsgericht erkannte Fortexistenz Deutschlands staats- und verfassungsrechtliche Ausgangslage. Diese liegt auch zahlreichen Auffassungen zugrunde, die sich mit dem Staatsbürgerschaftsrecht der DDR in seinem Verhältnis zur deutschen Staatsangehörigkeit befassen. Einige davon sollen nachstehend näher betrachtet werden.

aa) Kimminich

Die von Kimminich vertretene Auffassung geht davon aus, daß die Bundesrepublik Deutschland "auch nach Inkrafttreten des Grundvertrags berechtigt" sei, "an ihrer bisherigen Rechtsposition als Deutschland im Rechtssinne festzuhalten an der sogenannten Identitätstheorie" (96), daß aber hinsichtlich des Staatsangehörigkeitsrechts "die sogenannte Irrelevanztheorie, auf Grund deren die Gerichte und Behörden der Bundesrepublik Deutschland das Staatsbürgerschaftsgesetz der DDR einfach ignorieren konnten", - was durchaus völkerrechtlich abgesichert gewesen sei - nicht mehr zulässig sei (97). Seit Inkrafttreten des Grundvertrags sei die Bundesrepublik verpflichtet, das Staatsbürgerschaftsgesetz der DDR zu respektieren (98). Es sei allerdings noch nicht "mit restloser Klarheit gelungen", die Frage zu beantworten, "wie dieses merkwürdige Nebeneinander der Aufrechterhaltung der einheitlichen deutschen Staatsangehörigkeit einerseits und der Respektierung der DDR-Staatsbürgerschaft andererseits zu erklären sei" (99). Die Problematik könne mit Hilfe des ordre public gelöst werden. Der Begriff des ordre public sei "auch im Bereich des Verwaltungsrechts, d.h., hier konkret im Bereich der Einbürgerungspraxis" zu verwenden (100).

Es ist nicht klar ersichtlich, ob mit dieser Auffassung ein automatischer Erwerb der deutschen Staatsangehörigkeit für Bürger der DDR anerkannt wird, oder ob der Weg der Einbürgerung für erforderlich gehalten wird. Nur ein automatischer Erwerb der deutschen Staatsangehörigkeit kann aber als eine der verfassungsgerichtlichen Interpretation entsprechende Auslegung des Grundvertragsurteils angesehen werden. Bedenklich erscheint auch die Aussage Kimminichs, wonach das Staatsbürgerschaftsgesetz der DDR zu respektieren sei, wenn darunter mehr verstanden wird als die Hinnahme der Erwerbsregelung hinsichtlich der Staatsbürgerschaft

---

96 Kimminich, Schriftliche Stellungnahme und Diskussionsbeitrag, in: Zur Sache, Deutschlandpolitik, S. 166

97 Kimminich, a.a.O., S. 168

98 Kimminich, a.a.O., S. 159

99 Kimminich, a.a.O., S. 168

100 Kimminich, a.a.O., S. 197

unter der Voraussetzung, daß diese Regelung im Einzelfall dem ordre public entspricht, als Voraussetzung für den automatischen Erwerb der deutschen Staatsangehörigkeit durch Bürger der DDR. Eine weitergehende "Respektierung" und die Anerkennung der DDR, die nicht nur als "eine faktische Anerkennung besonderer Art verstanden" (101) werden würde, entsprechen dagegen nicht dem "Besonderen" des Grundvertrags, durch den nach der verfassungsgerichtlichen Interpretation "inter-se-Beziehungen" geregelt sind (102).

bb) Kriele

Nach Kriele hängt die Antwort auf die Frage, welche Bedeutung das Staatsbürgerschaftsgesetz für den Erwerb der deutschen Staatsangehörigkeit hat, davon ab, ob man anerkenne, "daß die Staatsbürgerschaftsgesetze der DDR die gesamtdeutsche Staatsbürgerschaft nur qualifizieren" oder ob man davon ausgehe, mit der Anerkennung der DDR als eigenes Rechtssubjekt seien "seine Staatsbürgerschaftsgesetze nicht mehr Qualifikationen der deutschen Staatsbürgerschaft" (103). Kriele unterscheidet, ob die Einbürgerung bis zum Jahre 1967 oder danach stattgefunden habe; denn bis 1967 sei die Staatsbürgerschaft der DDR nach deren allgemeinem Recht noch deutsche Staatsangehörigkeit gewesen. Deshalb brauche bei den bis zum Jahre 1967 in der DDR erfolgten Einbürgerungen eine nochmalige Einbürgerung in der Bundesrepublik Deutschland nicht nachvollzogen zu werden, während bei den danach erfolgten Einbürgerungen eine nochmalige in der Bundesrepublik zu erfolgen habe (104).

Bei dieser Differenzierung auf die zwei Zeitabschnitte, den von 1949 bis 1967 und den für die Zeit danach, wird nicht beachtet, daß die DDR schon bei ihrer Entstehung vom Untergang Deutschlands ausgegangen ist und zu keiner Zeit die deutsche Staatsangehörigkeit nach ihrer eigenen Definition auf das fortexistierende Deutschland bezogen hat (105). Im übrigen kann die Notwendigkeit einer nochmaligen Einbürgerung der DDR-Bürger in der Bundesrepublik zum Zwecke des Erwerbs der deutschen Staatsangehörigkeit nicht anerkannt werden. Nach der verfassungsgerichtlichen Interpretation muß vielmehr ein automatischer Erwerb der deutschen Staatsangehörigkeit anerkannt werden.

---

101 Urteil B) IV) Ziff. 3; BVerfGE 36, 23

102 Urteil, wie oben

103 Kriele, Diskussionsbeitrag, in: Zur Sache, Deutschlandpolitik, S. 209

104 Kriele, a.a.O., S. 209

105 siehe oben, S. 12 und 86

cc) Die dualistische Regelungskompetenz nach Zieger

(1) Zieger, der auch das Festhalten an der gemeinsamen deutschen Staatsangehörigkeit als einen "der tragenden Pfeiler für das Zusammengehörigkeitsgefühl der deutschen Nation" bejaht (106), hat in Fortentwicklung des von Krüger entwickelten Gedankens der dualistischen Gestaltung des Staates die Auffassung vertreten, daß "der begrifflichen Gemeinsamkeit der deutschen Staatsangehörigkeit ein Dualismus der Regelungskompetenz für die Jurisdiktionssphäre jedes der zwei Staaten entspricht" (107). In seinem Bereich definiere jeder Staat die Erwerbs- und Verlustgründe der gemeinsamen deutschen Staatsangehörigkeit. Der andere Staat könne sich dadurch in seinen Rechten nicht verletzt fühlen; denn ihm stehe umgekehrt dieselbe Kompetenz zu. Reibungspunkte sollten durch die ordre public-Klausel neutralisiert werden. Die dualistische Konstruktion ist nach Zieger in "ihrem Sinngehalt zur Aufrechterhaltung einer gemeinsamen deutschen Staatsangehörigkeit bei Respektierung getrennter Regelungskompetenzen angelegt" (108).

(2) Der Auffassung Ziegers kann nicht beigepflichtet werden, die von ihm vorgeschlagene dualistische Lösung bedürfe keiner Zustimmung seitens der DDR - wenn auch ein Konsensus der DDR wünschenswert und eine Einigung der beiden Staaten in Deutschland imstande wäre, diesen Dualismus förmlich zu besiegeln (109). Es handelt sich zwar bei der Umdeutung der Staatsbürgerschaft der DDR "als eine Darstellungsform der deutschen Staatsangehörigkeit" um einen Kunstgriff (110), bei dem auf den Konsens mit der DDR nicht entscheidend abgestellt werden könne (111) - die Gegensätzlichkeit der Auffassungen zur Staatsangehörigkeitsfrage müsse "notgedrungen von jeder der beiden Seiten akzeptiert werden" (112). Dieser Auffassung stehen jedoch erhebliche Bedenken entgegen; denn eine solche generelle Umdeutung der DDR-Staatsbürgerschaft, ohne daß hierüber ein Konsens mit der DDR besteht, läuft praktisch auf eine Anerkennung der DDR-Staatsbürgerschaft hinaus (113).

---

106 Zieger, Staatsangehörigkeit in Deutschland, a.a.O., S. 279

107 Zieger, wie oben, S. 277

108 Zieger, wie oben, S. 279

109 Zieger, wie oben, S. 280

110 Zieger, Das Problem der deutschen Staatsangehörigkeit, a.a.O., S. 214

111 Zieger, wie oben, S. 215

112 Zieger, wie oben, S. 215

113 von Morr, a.a.O., S. 89 und 90

(3) Nicht ein gemeinsamer Wille in allen Einzelheiten sondern nur ein gemeinsamer Wille, die deutsche Staatsangehörigkeit als eine auf das Deutsche Reich bezogene Angehörigkeitsbeziehung zu begreifen, erscheint erforderlich als Voraussetzung für die Bejahung einer staatsangehörigkeitsrechtlichen Regelungskompetenz der DDR, soweit es sich um die deutsche Staatsangehörigkeit handelt. Tiemann hat darauf hingewiesen, daß "die gesamtdeutsche Staatsangehörigkeit ... im Verhältnis zur DDR-Staatsbürgerschaft etwas wesensmäßig Verschiedenes (ist), dessen Rechtsfolgen nach dem im StBG (Staatsbürgerschaftsgesetz) zum Ausdruck gebrachten Willen gerade nicht beabsichtigt sind oder beseitigt werden sollten, so daß hier die am Normsetzungswillen orientierte hypothetische Auslegung mittels der Konversion versagt" (114).

(4) Nach der Auffassung Ziegers ist das von ihm schon vor dem Grundvertrag vertretene dualistische Modell "durch das Urteil des Bundesverfassungsgerichts eher bestätigt als widerlegt worden" (115). Dieser Auffassung vermag ich nicht im vollen Umfang beizupflichten. Da ein Konsens mit der DDR über die Fortexistenz des Deutschen Reiches und über die deutsche Staatsangehörigkeit als eine Angehörigkeitsbeziehung zu diesem Staat nicht vorliegt und bei der gegenwärtigen politischen Situation auch nicht als erzielbar angesehen werden kann, entspricht eine grundsätzliche Aufspaltung der Regelungskompetenz, wie sie nach dem dualistischen Modell zu verstehen ist, nicht der dem Rechtsinstitut der deutschen Staatsangehörigkeit durch das Bundesverfassungsgericht gegebenen Interpretation und nicht dem Wesenskern dieses Rechtsinstituts. Bedenklich ist eine Anerkennung der Regelungskompetenz der DDR hinsichtlich der deutschen Staatsangehörigkeit vor allem aber deshalb, weil eine solche Anerkennung ohne eine den Wesenskern des Rechtsinstituts betreffende Übereinstimmung zugleich als völkerrechtliche Anerkennung der DDR gewertet werden könnte. Eine solche völkerrechtliche Anerkennung der DDR ist, wie das Bundesverfassungsgericht erkannt hat, vonseiten der Bundesrepublik nicht erfolgt und könnte auch ohne Verstoß gegen das Grundgesetz nicht erfolgen.

d) Ergebnis

(1) Die Tatsache, daß das Bundesverfassungsgericht im staatsangehörigkeitsrechtlichen Teil des Grundvertragsurteils den Begriff "Bürger der Deutschen Demokratischen Republik" verwandt hat, kann nicht als Zuerkennung der vollen Regelungskompetenz hinsichtlich des Rechts der deutschen Staatsangehörigkeit und damit auch nicht als völkerrechtliche Aner-

---

114 Vgl. Tiemann, Zur Rechtsverbindlichkeit von Staatsangehörigkeitsakten der DDR für die Bundesrepublik, DÖV 1972, S. 73 - 81 (79)

115 Zieger, Das Problem der deutschen Staatsangehörigkeit, a.a.O., S. 213

kennung der DDR gewertet werden. Diese Aussage des Bundesverfassungsgerichts muß wohl dahin interpretiert werden, daß mit ihr lediglich die Hinnahme einer sich nur mittelbar auf die deutsche Staatsangehörigkeit auswirkenden und auf den Erwerbsvorgang beschränkten Regelungskompetenz zum Ausdruck gebracht sein sollte. Damit beinhaltet diese Aussage keine Anerkennung einer vollen Regelungskompetenz der DDR. In dieser Beschränkung auf den Erwerbsvorgang kann allerdings das dualistische Modell Ziegers bejaht werden. Bei dieser Beschränkung handelt es sich um die Zuerkennung der Kompetenz, den Erwerb der deutschen Staatsangehörigkeit mit zu regeln, wobei jedoch die Überprüfung des Erwerbsvorgangs nach dem Grundsatz des ordre public der Bundesrepublik vorbehalten ist.

(2) Eine solche Reduzierung des dualistischen Modells auf den Vorgang des Erwerbs der Staatsbürgerschaft der DDR als Voraussetzung für die Entstehung der deutschen Staatsangehörigkeit hat vor einer nicht reduzierten Regelungsbefugnis den dogmatischen Vorzug, daß der Vorgang des Verlustes der deutschen Staatsangehörigkeit nicht vom Verlust der Staatsbürgerschaft der DDR abhängig gemacht ist. Das steht auch in Übereinstimmung mit der Aussage des Bundesverfassungsgerichts (116).

(3) Aus der Interpretation des Bundesverfassungsgerichts kann also abgeleitet werden, daß die Kompetenz zur Regelung der deutschen Staatsangehörigkeit der Bundesrepublik Deutschland zusteht, wobei es im Rahmen dieser Regelungskompetenz liegt, daß staatsangehörigkeitsrechtliche Akte und Maßnahmen der DDR, soweit sie zum Erwerb der DDR-Staatsbürgerschaft führen, im Wege der Transformation umgedeutet werden (117), und zwar unter Anwendung des Grundsatzes des ordre public. Das Staatsbürgerschaftsrecht der DDR wird dabei aber nicht unmittelbar angewandt sondern nur mittelbar. Die DDR-Bürger erwerben die deutsche Staatsangehörigkeit aufgrund der Umbildung oder Transformation automatisch. Die Umbildung oder Transformation der DDR-Staatsbürgerschaft in die deutsche Staatsangehörigkeit ist ein Rechtsvorgang, der sich nach dem Recht der Bundesrepublik Deutschland und nach den Bestimmungen des Grundgesetzes richtet, und an dem das Recht der DDR unmittelbar überhaupt nicht und mittelbar nur insofern beteiligt ist, als durch deren Staatsbürgerschaftsgesetz der Erwerb der Staatsbürgerschaft der DDR geregelt ist. Da diese mittelbare Beteiligung an dem Erwerbsvorgang hinsichtlich der deutschen Staatsangehörigkeit aber nicht durch das Recht der DDR sondern durch das der Bundesrepublik Deutschland bewirkt wird, handelt es sich letztlich nicht um eine der DDR hinsichtlich der deutschen Staatsangehörigkeit zuzuerkennende Regelungskompetenz, so daß es doch zweifelhaft bleibt, ob man diesen Vorgang als dualistisches Modell - wenn auch nur in der dar-

116 siehe oben S. 87

117 Vgl. hierzu Tiemann, a.a.O., S. 79, rechte Spalte unten

gelegten reduzierten Form - dogmatisch zutreffend einordnen kann. Entscheidend ist, daß es sich nicht um eine unmittelbare Übernahme des Staatsbürgerschaftsrechts der DDR und damit auch nicht um eine Anerkennung der DDR handelt, sondern nur um eine mittelbare, durch Transformation nach der Rechtsordnung der Bundesrepublik Deutschland erfolgende, Einordnung der Bürger der DDR in das Staatsangehörigkeitsrecht des fortbestehenden Deutschen Reiches.

(4) Das Staatsbürgerschaftsrecht der DDR ist aber auch nicht an der Ausgestaltung des Rechtsinstituts der deutschen Staatsangehörigkeit beteiligt. Diese Ausgestaltung, die sich in der Funktion der deutschen Staatsangehörigkeit zeigt, erfolgt allein durch das Recht der Bundesrepublik Deutschland.

## III. Die Bedeutung der Urteilsaussagen für die Funktion der deutschen Staatsangehörigkeit

Die Ausführungen des Bundesverfassungsgerichts zur Staatsangehörigkeitsfrage - sowohl diejenigen, die diese Frage nur mittelbar betreffen als auch die unmittelbaren Aussagen - haben Bedeutung für sämtliche Funktionsbereiche dieses Rechtsinstituts. Sie wirken sich auf die staatsangehörigkeitsrechtliche Funktion aus, und zwar ganz allgemein dahin, daß durch die interpretatorische Verdeutlichung dieser Funktion eine Klarstellung erfolgt ist und darüberhinaus eine Verstärkung des funktionellen Wirkungseffekts der deutschen Staatsangehörigkeit ausgelöst worden ist. Zwar werden im Grundvertragsurteil nicht alle mit der deutschen Staatsangehörigkeit verbundenen Funktionsbereiche im einzelnen behandelt; die den wesentlichen Inhalt der staatsangehörigkeitsrechtlichen Funktion betreffenden Urteilsausführungen machen aber durch diese Konzentration auf das Wesentliche und durch die für künftige Folgeverträge gegebenen Verhaltensanweisungen besonders deutlich, welche Folgerungen sich aus der Erhaltung der staatsangehörigkeitsrechtlichen Funktion ergeben.

Nachstehend werden die Ausführungen und Aussagen des Grundvertragsurteils behandelt und untersucht, die sich mit der Funktion der deutschen Staatsangehörigkeit befassen, sie interpretieren und verdeutlichen. Hierbei erfolgt eine Unterteilung in solche Aussagen des Grundvertragsurteils, die den innerstaatlichen Funktionsbereich betreffen und solche, die sich auf den nach außen gerichteten Bereich der staatsangehörigkeitsrechtlichen Funktion beziehen.

1. Aussagen zum innerstaatlichen Funktionsbereich

Im innerstaatlichen Bereich handelt es sich um die Zuordnungsfunktion, die Statusfunktion und die Anknüpfungsfunktion (118). Den funktionalen Wirkungseffekt im innerstaatlichen Bereich und seine Erstreckung auf alle deutschen Staatsangehörigen hat das Bundesverfassungsgericht wie folgt verdeutlicht und bekräftigt:

a) "Der Status des Deutschen im Sinne des Grundgesetzes, der die in diesem Grundgesetz statuierte deutsche Staatsangehörigkeit besitzt, darf durch keine Maßnahme, die der Bundesrepublik Deutschland zuzurechnen ist, gemindert oder verkürzt werden" (119).

Mit dem Verbot einer Minderung oder Verkürzung des Status des Deutschen hat das Bundesverfassungsgericht klargestellt, daß diesem Status große Bedeutung beizumessen ist. Durch die grundgesetzlich statuierte deutsche Staatsangehörigkeit sind alle deutschen Staatsangehörigen der staatlichen Gemeinschaft des deutschen Volkes und damit der Rechtsordnung der Bundesrepublik Deutschland, die nach Maßgabe ihres Grundgesetzes das mit ihr identische Deutsche Reich verkörpert, zugeordnet. Aus dieser Zuordnung erwächst unmittelbar die durch das Grundgesetz konstituierte Rechtsposition, die mit der deutschen Staatsangehörigkeit unauflöslich verbunden ist. Das ist der wesentliche Inhalt der staatsangehörigkeitsrechtlichen Zuordnungsfunktion, die sich auch auf die Bürger der DDR erstreckt.

b) Zur Schutzpflicht des Heimatstaates "gehört insbesondere, daß ein Deutscher .... einen Anspruch darauf hat, nach dem Recht der Bundesrepublik Deutschland vor deren Gerichten sein Recht zu suchen" (120).

In diesem Zusammenhang hat das Bundesverfassungsgericht beispielhaft verwiesen auf seine zum Rechtshilfegesetz (121) ergangene Entscheidung vom 31. Mai 1960 (122), in der es erkannt hat, daß der Schutz, den die Grundrechte und die verfassungsmäßige Ordnung des Grundgesetzes dem Einzelnen gegen die öffentliche Gewalt gewähren, auch gegenüber der Zulassung der Vollstreckung solcher Urteile eingreife, die gegen die verfassungsmäßige Ordnung der Bundesrepublik Deutschland verstoßen und damit

---

118 Siehe hierzu die Ausführungen oben, S. 27 und 28

119 Urteil B) V) Ziff. 5 Abs. 3; BVerfGE 36, 30

120 Urteil B) V) Ziff. 5 Abs. 3; BVerfGE 36, 30

121 Gesetz über die innerdeutsche Rechts- und Amtshilfe in Strafsachen vom 2. Mai 1953 (BGBl. I S. 161)

122 BVerfGE 11, 150 (158)

zugleich das Grundrecht des Betroffenen aus Art. 2 Abs. 1 GG verletzen. Diese Schutzpflicht, die der Bundesrepublik Deutschland gegenüber allen deutschen Staatsangehörigen obliegt, ergibt sich aus der Angehörigkeitsbeziehung und gehört ebenfalls zu der sich auch auf die Bürger der DDR erstreckenden staatsangehörigkeitsrechtlichen Zuordnungsfunktion (123).

Zu dem Element des Schutzes gehört als Korrelat das Element der Treue. Das Bundesverfassungsgericht hat hierzu im Grundvertragsurteil keine Aussage gemacht. Man kann wohl davon ausgehen, daß eine Aussage über den Zusammenhang der Schutzpflicht mit der Treuepflicht in ihrer aus dem Angehörigkeitsverhältnis erwachsenden Wechselseitigkeit nur deshalb unterblieben ist, weil die Bürger der DDR zwar von der Bundesrepublik Deutschland geschützt werden können, soweit sie sich in ihrem Schutzbereich befinden, aber keine Pflichten auferlegt erhalten können, weil sie dadurch bei der derzeitigen politischen Situation in Loyalitätskonflikte innerhalb der DDR geraten müßten. Diese Beschränkung auf Schutzgewährung, durch die die Bürger der DDR begünstigt werden, bedeutet aber nicht, daß das Element der Treue gegenstandslos sei; sie bedeutet lediglich, daß zur Vermeidung von Benachteiligungen die Erfüllung der Treuepflicht nicht verlangt werden kann.

c) "Er (der Bürger der Deutschen Demokratischen Republik) genießt deshalb (wegen des Gleichbehandlungsgrundsatzes), soweit er in den Geltungsbereich des Grundgesetzes gerät, auch den vollen Schutz der Gerichte der Bundesrepublik und alle Garantien der Grundrechte des Grundgesetzes, einschließlich des Grundrechts aus Art. 14 GG" (124).

Damit hat das Bundesverfassungsgericht klargestellt, daß die Einbindung in die Rechtsordnung der Bundesrepublik Deutschland für die Bürger der DDR nach Maßgabe des Grundgesetzes den "vollen Schutz der Gerichte" und "alle Garantien der Grundrechte des Grundgesetzes" beinhaltet; es hat mit dieser Formulierung zum Ausdruck gebracht, daß die staatsangehörigkeitsrechtliche Statusfunktion auch für die Bürger der DDR umfassend ist und sich auf alle grundgesetzlich verbürgten Rechtspositionen erstreckt. Eingeschlossen hierin sind die staatsbürgerlichen Rechte und Pflichten (125). Allerdings gilt hinsichtlich der Ausübung oder Erfüllung derselben die gleiche Überlegung, wie sie zu dem Element der Treue als Korrelat der Schutzpflicht oben dargelegt worden ist.

Der Umstand, daß der Bürger der DDR, dem diese Rechtsposition zusteht, die aus ihr resultierenden Rechte erst wahrnehmen kann, wenn "er in den

---

123 siehe oben S. 7 und 8 sowie 27 und 28

124 Urteil B) V) Ziff. 5 Abs. 3; BVerfGE 36, 31

125 siehe hierzu oben S. 8 sowie S. 28, wo alle verfassungsrechtlich verbürgten Rechtspositionen aufgeführt sind.

Geltungsbereich des Grundgesetzes gerät", steht der rechtlichen Beurteilung nicht entgegen, wonach er diese Rechtsposition hat. Soweit er, gestützt auf diese Rechtsposition und zur Wahrung derselben, Ansprüche vor den Gerichten der Bundesrepublik Deutschland nicht geltend machen kann, sei es aus welchen Gründen auch immer, bedeutet dies nicht, daß ihm die Rechtsposition nicht zustehe; sie steht dem Bürger der DDR wie jedem Deutschen überall zu.

Hierbei muß auch darauf hingewiesen werden, daß es sich nicht nur um eine formale Rechtsposition handelt, die durch die deutsche Staatsangehörigkeit hergestellt wird, sondern um eine solche, die auch materielle Auswirkungen hat. Das hat sich in den Richtlinien für die Gebührenbemessung in Einbürgerungsangelegenheiten (126) niedergeschlagen, wo es heißt, wenn auch der verliehenen Staatsangehörigkeit an sich ein bestimmter Geldwert nicht beigemessen werden könne, so seien mit der Einbürgerung neben dem Erwerb von Rechten auch wirtschaftliche Vorteile verbunden. Um in diese Rechtsposition zu gelangen, ist für den Bürger der DDR eine Einbürgerung nicht erforderlich; denn ihm steht der Rechtsstatus des deutschen Staatsangehörigen unmittelbar und automatisch zu. Damit erlangt der Bürger der DDR unmittelbar mit dieser Rechtsposition die den Deutschen vorbehaltenen Grundrechte und alle anderen Rechte, die mit der deutschen Staatsangehörigkeit verbunden sind oder von ihr abhängen.

Im Hinblick auf "die gesamte Kontroverse im Grundrechtsverständnis in West und Ost" (127) ist diese weitgehende Einbindung des Bürgers der DDR in die durch das Grundgesetz geschaffene Rechtsposition besonders bedeutsam.

Als Beispiel dafür, daß sich die Funktion der deutschen Staatsangehörigkeit auch für die Bürger der DDR voll entfaltet, und daß sich die auf der deutschen Staatsangehörigkeit beruhende Rechtsposition für die Bürger der DDR unmittelbar und automatisch auswirkt, kann das Grundrecht der Freizügigkeit gemäß Art. 11 GG herangezogen werden, dem als wesentlichem Freiheitsrecht in der Wertsystematik besondere Bedeutung zukommt (128). Die durch diese Grundrechtsbestimmung garantierte Freizügigkeit beinhaltet nicht nur das Recht, sich innerhalb des Bundesgebietes unbeschränkt durch die deutsche Staatsgewalt niederzulassen, an jedem Ort innerhalb des Bundesgebietes Aufenthalt und Wohnung zu nehmen, sie beinhaltet auch das

---

126 Richtlinien für die Gebührenbemessung in Einbürgerungsangelegenheiten (EinbGebR 1974) vom 9.5.1974 (GMBl. 184), Ziff. 1.3

127 Zieger, Individuum und politisches System in der DDR, in: Recht in Ost und West, Zeitschrift für Rechtsvergleichung und innerdeutsche Rechtsprobleme 1979, Heft 5, S. 209 ff

128 Schmidt-Bleibtreu, Klein, Kommentar zum Grundgesetz, Anm. 2 zu Art. 11 GG

Recht, unbehindert durch die deutsche Staatsgewalt in das Bundesgebiet einzureisen (129).

Auch die sonstigen Grundrechtsverbürgungen stehen den Bürgern der DDR ebenso zu wie allen anderen deutschen Staatsangehörigen.

d) "Jede Verkürzung des verfassungsrechtlichen Schutzes, den das Grundgesetz gewährt, durch den Vertrag oder eine Vereinbarung zur Ausfüllung des Vertrags wäre grundgesetzwidrig" (130).

Daß der Status des Deutschen im Sinne des Grundgesetzes durch keine Maßnahme, die der Bundesrepublik Deutschland zuzurechnen ist, gemindert oder verkürzt werden darf, hat das Bundesverfassungsgericht bereits in der oben unter (1) zitierten Aussage erkannt.

Das Verbot der Minderung oder Verkürzung des "Status des Deutschen im Sinne des Grundgesetzes" richtet sich an alle Verfassungsorgane, alle staatlichen Behörden und Gerichte der Bundesrepublik Deutschland; denn das sind die Stellen, deren Rechtsakte, Verwaltungsakte oder sonstigen Maßnahmen diesem Staat "zuzurechnen" sind.

Nach der oben zitierten Aussage ist es verboten, den verfassungsrechtlichen Schutz durch den Grundvertrag oder eine Vereinbarung zur Ausfüllung desselben zu verkürzen. Die verfassungsgerichtliche Feststellung, daß "jede" solche "Verkürzung" "grundgesetzwidrig" wäre, impliziert dieses Verbot; denn man muß davon ausgehen, daß alle oben angegebenen Stellen verpflichtet sind, "das Grundgesetz und die Gesetze des Bundes zu wahren und zu verteidigen" (131).

Wenn es heißt, daß "eine Verkürzung des verfassungsrechtlichen Schutzes ... durch den Vertrag oder eine Vereinbarung zur Ausfüllung des Vertrags"

---

129 Bereits im Notaufnahmebeschluß vom 7.5.1953 - BVerfGE 2, 266 (277) - hat das Bundesverfassungsgericht erkannt, daß dieses Grundrecht auch beinhaltet, in das Bundesgebiet einzureisen, und daß es allen Deutschen zusteht. Vergl. hierzu auch das Urteil des BGH vom 29.9.1977, MDR 78, 120, in dem ausgeführt ist, daß dieses Recht allen Deutschen im Sinne des Art. 116 GG zusteht, auch soweit sie nicht in der Bundesrepublik Deutschland wohnen sondern in der DDR, und daß sich durch den Grundvertrag daran nichts geändert hat. Der BGH hat daraus abgeleitet, daß die Gewährung von Fluchthilfe als solche nicht gegen die guten Sitten verstößt, ebensowenig die Verpflichtung zu dieser Hilfe. Hierzu auch Heimeshoff, Der Streit um die kommerzielle Fluchthilfe, in: ZRP 1978, 97 (100)

130 Urteil B) V) Ziff. 5 Abs. 3; BVerfGE 36, 31

131 vgl. hierzu den vom Bundespräsidenten zu leistenden Eid gemäß Art. 56 GG

grundgesetzwidrig sei, dann beinhaltet diese Feststellung die Verpflichtung, den Vertrag so auszulegen und anzuwenden sowie die Folgeverträge so zu gestalten, daß sie mit dem Grundgesetz übereinstimmen. Dies ist, soweit es sich um die Vertragsauslegung handelt, nur erzielbar, wenn - wie das Bundesverfassungsgericht erkannt hat (132) - aus dem in der Präambel des Vertrags enthaltenen Dissens zur "nationalen Frage" "für die Auslegung des Vertrages alle Konsequenzen" gezogen werden, "die die Bundesrepublik Deutschland als Vertragspartner nach dem Recht des Grundgesetzes für sich in Anspruch nehmen muß". Als weiterer Auslegungsgesichtspunkt ist bei der Vertragsauslegung auch noch der Vorbehalt zur Staatsangehörigkeitsfrage zu beachten. Jede Vertragsauslegung oder Vertragsanwendung hat also, um ein grundgesetzwidriges Ergebnis zu vermeiden, den Dissens zur nationalen Frage und den Vorbehalt zur Staatsangehörigkeitsfrage zu berücksichtigen. Das gleiche gilt für die Folgeverträge, d.h. bei deren Gestaltung sind die gleichen Gesichtspunkte zu berücksichtigen. So würde es z.B. eine Minderung oder Verkürzung der deutschen Staatsangehörigkeit sein, wenn dieses Rechtsinstitut in einem Folgevertrag nicht so definiert oder in ihn nicht so aufgenommen würde, wie es der Definition und Interpretation des Grundvertragsurteils entspricht (133).

Mit dem in der oben zitierten Aussage enthaltenen Verbot hat das Bundesverfassungsgericht die Bedeutung unterstrichen, die die staatsangehörigkeitsrechtliche Funktion hat.

An andrer Stelle ist im Grundvertragsurteil nochmals ausgeführt, daß die grundgesetzkonforme Vertragsauslegung "sinngemäß auch für den Abschluß der im Zusatzprotokoll zu Artikel 7 vorgesehenen und der sonst zur Ausfüllung des Vertrags noch denkbaren Folgeverträge und -vereinbarungen mit der Deutschen Demokratischen Republik" gilt (134). Die hierzu vom Bundesverfassungsgericht angegebenen Beispiele verdeutlichen, daß die Grundrechte auch für die Deutschen in der DDR durch derartige Folgeverträge oder -vereinbarungen nicht verkürzt oder eingeschränkt werden dürfen. Bezüglich des vorgesehenen Post- und Fernmeldeabkommens heißt es z.B., dieses dürfe "weder für die Deutschen in der Bundesrepublik noch

---

132 Urteil VI) Ziff. 1; BVerfGE 36, 35

133 Die von Bauer, a.a.O., S. 206 vertretene Auffassung, "eine verfassungskonforme Auslegung des Grundgesetzes" führe "zur Begrenzung des Begriffs der deutschen Staatsangehörigkeit auf das Gebiet der BRD" entspricht nicht der verfassungsgerichtlichen Interpretation und kann bei Beachtung des Grundvertragsurteils nicht anerkannt werden; Bauer stützt seine Auffassung vom "Wegfall der gesamtdeutschen Staatsangehörigkeit" auf den nach seiner Meinung durch den Grundvertrag erfolgten "Abschluß des Teilungsprozesses", S. 195, und er setzt sich auch insoweit über das Grundvertragsurteil hinweg.

134 Urteil B) V) Ziff. 9 Abs. 1; BVerfGE 36, 33

für die Deutschen in der Deutschen Demokratischen Republik eine Verkürzung oder Lockerung der Garantie des Brief-, Post- und Fernmeldegeheimnisses (Art. 10 GG) noch eine in Art. 5 GG nicht vorgesehene Einschränkung des freien Austausches von Meinungen und Informationen enthalten" (135). Bemerkenswert ist die Gleichstellung aller Deutschen hinsichtlich der Wahrung der Grundrechte.

## 2. Aussagen zu dem nach außen gerichteten Funktionsbereich

Es entspricht der Bedeutung des Verfassungsrechts für die nach außen gerichtete Funktion (136) der deutschen Staatsangehörigkeit, daß das Bundesverfassungsgericht im Grundvertragsurteil auch Aussagen gemacht hat, die sich auf diesen Funktionsbereich beziehen. Das gilt sowohl für die Abgrenzungsfunktion als auch für die Schutzfunktion.

### a) Zur Abgrenzungsfunktion

Bei der völkerrechtlichen Besonderheit der Lage des Deutschen Reiches, die man als Anormalität bezeichnen kann, kommt der Abgrenzungsfunktion besondere Bedeutung zu; sie bewirkt die personale Abgrenzung des Völkerrechtssubjekts Deutsches Reich nach außen. Bereits durch die zur Zuordnungsfunktion eingeordneten oben zitierten und erläuterten Aussagen (137) hat das Bundesverfassungsgericht erkannt und verdeutlicht, welcher Personenkreis zum Staatsvolk des Deutschen Reiches gehört. Wegen des engen Zusammenhanges, der zwischen der Zuordnungs- und der Abgrenzungsfunktion besteht, sind diese Aussagen gleichzeitig auch für den nach außen gerichteten Funktionsbereich relevant. Sie verdeutlichen nämlich auch der Völkerrechtsgemeinschaft, daß die Bürger der DDR aufgrund ihrer durch die deutsche Staatsangehörigkeit bewirkten Zuordnung zum Deutschen Reich zu dessen Staatsvolk gehören. Wenn damit bei der gegenwärtigen politischen Lage bestimmte völkerrechtliche Auswirkungen auch nicht unmittelbar verbunden sind, so ist doch dieser völkerrechtliche Tatbestand aus sich heraus wirksam, indem er für die Völkerrechtsgemeinschaft die Notwendigkeit einer Überwindung der anormalen Verhältnisse verdeutlicht. Mit anderen Worten: Die Zuordnungs- und Abgrenzungsfunktion der deutschen Staatsangehörigkeit machen sichtbar, daß das Deutsche Reich "ein einheitliches Staatsvolk" hat, zu dem "als untrennbarer Teil" außer der Bevölkerung der Bundesrepublik auch die Bürger der DDR gehören, und daß dieser Tatbestand durch den Grundvertrag nicht geändert worden ist. Die durch die deutsche Staatsangehörigkeit bewirkte und gewährleistete

---

135 Urteil B) V) Ziff. 9a; BVerfGE 36, 33

136 siehe oben S. 9 und 29

137 siehe oben S. 27

Einheitlichkeit des deutschen Staatsvolkes drängt aus sich heraus zur Beendigung der derzeitigen Anormalität.

b) Zur Schutzfunktion

(1) "Sie (die Bundesregierung) ist nach wie vor befugt, innerhalb des Geltungsbereichs des Grundgesetzes, durch alle ihre diplomatischen Vertretungen und in allen internationalen Gremien, deren Mitglied sie ist, ihre Stimme zu erheben, ihren Einfluß geltend zu machen und einzutreten für die Interessen der deutschen Nation, zum Schutz der Deutschen im Sinne des Art. 116 Abs. 1 GG und Hilfe zu leisten auch jedem Einzelnen von ihnen, der sich an eine Dienststelle der Bundesrepublik Deutschland wendet mit der Bitte um wirksame Unterstützung in der Verteidigung seiner Rechte, insbesondere seiner Grundrechte" (138). Diese Aussage konkretisiert die nach außen gerichtete Schutzfunktion der deutschen Staatsangehörigkeit. Es handelt sich um den diplomatischen Schutz, der allen deutschen Staatsangehörigen zu gewähren ist. Mit der Befugnis, einzutreten für die Interessen der deutschen Nation, wobei der Begriff der Nation an dieser Stelle wohl auch als ein Synonym für das "deutsche Staatsvolk" zu verstehen ist (139), ist darüberhinaus auch noch eine die Interessen des gesamten deutschen Volkes betreffende Schutzpflicht zum Ausdruck gebracht.

(2) Die Pflicht zum diplomatischen Schutz besteht nach der herrschenden Lehre kraft ungeschriebenen Verfassungsrechts (140) und entspricht alter deutscher Verfassungstradition (141). Die Ausübung dieses Schutzes obliegt den diplomatischen Vertretungen und allen Dienststellen der Bundesrepublik Deutschland. Daß die diplomatischen Vertretungen zum Schutzbereich der Bundesrepublik Deutschland gehören, bedarf keiner weiteren Begründung. Dagegen muß näher untersucht werden, ob auch die Ständige Vertretung der Bundesrepublik Deutschland in der DDR zum Schutzbereich der Bundesrepublik gehört.

---

138 Urteil B) V) Ziff. 7; BVerfGE 36, 31, 32

139 Urteil B) III) Ziff. 2 Abs. 2; BVerfGE 36, 19

140 Blumenwitz, Die Errichtung Ständiger Vertretungen im Lichte des Staats- und Völkerrechts, S. 24

141 Hierzu eingehender Blumenwitz, Die deutsche Staatsangehörigkeit und die Schutzpflicht der Bundesrepublik Deutschland, in: Konflikt und Ordnung, Festschrift für Murad Ferid (1978), S. 439 ff, der in Anm. 18 auf S. 444 hinweist auf Art. 3 der Verfassung des Deutschen Reichs vom 16.4.1871 und Art. 112 Abs. 2 der Weimarer Verfassung von 1919, und der das Unterbleiben einer ausdrücklichen Regelung des Auslandschutzes im Grundgesetz auf die mangelnde Souveränität der Bundesrepublik 1949 zurückführt.

(3) Rechtsgrundlage für die Ständigen Vertretungen ist die Bestimmung des Art. 8 des Grundvertrags in Verbindung mit dem Protokoll vom 14. März 1974 (142). Nach Punkt 5 dieses Protokolls haben die Ständigen Vertretungen "unter anderem die Aufgabe, die Interessen des Entsendestaates im Gastland zu vertreten, einschließlich Hilfe und Beistand für Personen". Mit den Worten "Hilfe und Beistand für Personen" sind einerseits die Art der Schutzausübung, die als diplomatischer Schutz aufgefaßt werden kann, beschrieben und andrerseits die Objekte dieses Schutzes bezeichnet. Bemerkenswert ist dabei, worauf Blumenwitz hinweist (143), daß die Objekte dieses Schutzes als "Personen" bezeichnet werden, obwohl gemäß Art. 3 Abs. 1 lit. b des Wiener Übereinkommens über diplomatische Beziehungen vom 18. April 1961 (144) das für die Ständigen Vertretungen gemäß Ziff. 4 des Protokolls entsprechend gilt, nicht von "Personen" sondern von "Angehörigen des Entsendestaates" die Rede ist. Diese Wortwahl ist nach Blumenwitz auf die noch als offen zu bezeichnende staatsangehörigkeitsrechtliche Frage zurückzuführen (145). Es mag zweifelhaft sein, die Ständige Vertretung der Bundesrepublik in der DDR als "Schutzbereich der Bundesrepublik" aufzufassen. Jedenfalls ist sie aber eine "Dienststelle der Bundesrepublik Deutschland" im Sinne der oben unter (2) zitierten Aussage. Nach dieser Aussage des Bundesverfassungsgerichts ist zwar die Bundesregierung befugt, jeden Deutschen, "der sich an eine Dienststelle der Bundesrepublik Deutschland wendet", zu schützen; die Gewährung von Schutz und Hilfe innerhalb der Ständigen Vertretung der Bundesrepublik in der DDR einem Bürger der DDR gegenüber ist jedoch faktisch unmöglich. Durch die Verordnung über den Verkehr mit diplomatischen Missionen und anderen Vertretungen ausländischer Staaten in der Deutschen Demokratischen Republik vom 2. Mai 1963 (146) ist gemäß § 5 bestimmt, daß der Verkehr von Bürgern der DDR mit ausländischen Missionen und Vertretungen nur über das Ministerium für Auswärtige Angelegenheiten erfolgt, und gemäß § 2 ist bestimmt, daß unter Verkehr im Sinne dieser Verordnung insbesondere Korrespondenzen, Besuche und Besprechungen zu verstehen sind. Nach § 8 dieser Verordnung ist die Zuwiderhandlung gegen die oben angegebenen Bestimmungen unter Strafe gestellt. Im übri-

---

142 Protokoll über die Errichtung der Ständigen Vertretungen zwischen der Regierung der Bundesrepublik Deutschland und der Regierung der Deutschen Demokratischen Republik vom 14. März 1974; BGBl. 1974, II, S. 934

143 Blumenwitz, a.a.O., S. 23

144 BGBl. 1964 II S. 958 ff. Im Protokoll über die Errichtung der Ständigen Vertretungen ist die Wiener Übereinkunft über diplomatische Beziehungen als "Wiener Konvention vom 18. April 1961" bezeichnet.

145 Blumenwitz, a.a.O., S. 23

146 GBl. der DDR 1963 II, S. 270 f

gen kann die DDR die Kontaktaufnahme zwischen deutschen Staatsangehörigen aus der DDR und der Ständigen Vertretung der Bundesrepublik unter Hinweis auf die Bestimmung des Art. 3 Abs. 1 lit. b und Art. 41 der Wiener Konvention für völkerrechtswidrig ansehen (147).

(4) Die Unmöglichkeit der Schutzgewährung liegt jedoch nicht an der Vereinbarung über die Errichtung Ständiger Vertretungen als solcher und auch nicht daran, daß anstelle der Worte "Angehörige des Entsendestaates" das Wort "Personen" gebraucht worden ist. Diese Wortwahl ist vonseiten der Bundesrepublik wohl deshalb vorgezogen worden, weil dadurch eine Beschränkung der Schutzpflicht auf die Bürger der Bundesrepublik Deutschland verhindert werden sollte; denn bei Verwendung der Worte "Angehörige des Entsendestaates" könnte eine solche Beschränkung abgeleitet werden. Außerdem war zu bedenken, daß die Verwendung des Begriffs "deutsche Staatsangehörige" anstelle "Angehörige des Entsendestaates" die Problematik über die Erstreckung der deutschen Staatsangehörigkeit aufgeworfen hätte. Nach alledem kann aus der Verwendung des Wortes "Person" nicht der Vorwurf abgeleitet werden, es sei dadurch eine Verkürzung des verfassungsrechtlichen Schutzes eingetreten.

Wenn man auch die im Protokoll über die Errichtung der Ständigen Vertretungen getroffene Vereinbarung nicht deshalb als grundgesetzwidrig bezeichnen kann, weil in ihr eine Auflösung der staatsangehörigkeitsrechtlichen Problematik im Sinne der im Grundvertragsurteil enthaltenen Konkretisierung nicht enthalten ist, so bleiben doch aus anderen Gründen erhebliche Bedenken gegen die Verfassungskonformität bestehen (148), auf die näher einzugehen hier nicht erforderlich ist.

---

147 vgl. hierzu Blumenwitz, Die Errichtung Ständiger Vertretungen ..., a.a.O., S. 26 und die dort unter Anm. 30 zitierte Erklärung des Staatssekretärs Gaus, wonach man habe als Verhandlungsergebnis nicht erreichen können, die DDR zur "Anerkennung unserer Gesetze und zu unserer Auffassung von Freizügigkeit zu bringen. Unsre Vertretung wird dort unter den Gesetzen arbeiten müssen, die in der DDR gelten .... ohne daß wir uns mit diesen Gesetzen identifizieren". (vgl. Deutscher Bundestag, 7. Wahlperiode, 91. Sitzung am 28. März 1974, Sten. Bericht S. 6104)

148 Hierzu hat Blumenwitz, Die Errichtung Ständiger Vertretungen ... a.a.O., S. 41, darauf hingewiesen, daß die vom Bundesverfassungsgericht geforderte Besonderheit der Beziehungen in der Ausgestaltung der Ständigen Vertretungen nicht hinreichend erfolgt sei, und daß insbesondere "die Akkreditierung eines Staatenvertreters durch das Staatsoberhaupt ein wichtiges Indiz für völkerrechtliche Anerkennung" sei, weshalb die DDR auf der Akkreditierung ihres Vertreters beim Bundespräsidenten bestanden habe.

c) Die Konsularverträge der DDR

(1) Die Schutzfunktion der deutschen Staatsangehörigkeit in ihrer Wirkung nach außen wird vor allem durch die Konsularverträge, die die DDR mit Drittstaaten abgeschlossen hat, berührt. Während die DDR bestrebt ist, in diesen Verträgen ihr Staatsbürgerschaftsrecht dritten Staaten gegenüber zur Geltung zu bringen, liegt es im Interesse der Bundesrepublik, die deutsche Staatsangehörigkeit im Sinne der durch das Bundesverfassungsgericht erfolgten Konkretisierung anerkannt zu bekommen oder zumindest in der Ausübung des diplomatischen Schutzes für alle Deutschen im Sinne des Art. 116 Abs. 1 GG und der durch das Grundvertragsurteil getroffenen Feststellungen durch dritte Staaten nicht gehindert zu werden. Für die Ausübung der Schutzpflicht ist ein Mandat des Betroffenen nicht Voraussetzung; denn der schützende Staat wird aus eigenem Recht tätig (149).

(2) In den Konsularverträgen, die die DDR mit dritten Staaten abgeschlossen hat (150), ist auf die Staatsbürgerschaft der DDR abgestellt. Deshalb ist die Ausübung des diplomatischen Schutzes durch die Bundesrepublik Deutschland zugunsten der deutschen Staatsangehörigen, die Bürger der DDR sind, davon abhängig, daß diese den Schutz verlangen (151).

(3) Die Konsularverträge, die die DDR vor 1975 abgeschlossen hatte, enthielten keine Begriffsbestimmung der Staatsangehörigen. Das gilt auch für den Konsularvertrag der DDR mit der UdSSR vom 3. September 1971 (152); er enthielt keine Bestimmung über die Abgrenzung des Kreises der Staatsangehörigen. Zieger hat darauf hingewiesen, daß es der DDR

---

149 Vgl. hierzu Blumenwitz, Die deutsche Staatsangehörigkeit und die Schutzpflicht der Bundesrepublik Deutschland, in: Festschrift für Murad Ferid, S. 440, 441

150 Es handelt sich hierbei um die Konsularverträge mit Österreich vom 26.3.1975, GBl. DDR 1975 II S. 125, mit Finnland vom 28.4.1975, GBl. DDR 1975 II S. 133, mit Indien vom 12.12.1975, GBl. DDR 1976 II S. 162, mit Guinea vom 11.12.1975, GBl. DDR 1976 II S. 194, mit dem vereinigten Königreich von Großbritannien und Nordirland vom 4.5.1976, GBl. DDR 1976 II S. 175, in denen mit dem Satz "Staatsbürger des Entsendestaates sind die Personen, die nach den Rechtsvorschriften dieses Staates dessen Staatsbürgerschaft haben ...." auf die Staatsbürgerschaft der DDR abgehoben ist. Vgl. hierzu auch Blumenwitz, Die deutsche Staatsangehörigkeit und die Konsularverträge der DDR mit dritten Staaten, in: Politische Studien, Heft 221 (1975), S. 283 ff

151 Vgl. hierzu Blumenwitz, Staatsangehörigkeit und Schutzpflicht, w.o., S. 441

152 GBl. DDR 1972 I S. 1

"bei dem Drängen auf Hereinnahme der Staatsangehörigkeitsklausel in erster Linie auf die Demonstration der eigenen Staatsangehörigkeit angekommen" ist, um "mit besonderer Blickrichtung auf die Bundesrepublik Deutschland darauf hinweisen zu können, daß nunmehr auch Staaten der westlichen Welt in dieser ausdrücklichen Form die Zuständigkeit der DDR für eine eigene Staatsbürgerschaft anerkannt haben" (153).

(4) Mit der Aufnahme der Staatsangehörigkeitsklausel in die Konsularverträge der DDR mit Drittstaaten ist das Spannungsverhältnis zwischen dem Völkerrecht und dem Verfassungsrecht in der Interpretation durch das Bundesverfassungsgericht evident geworden. Einerseits führt die Anerkennung der DDR seitens dritter Staaten auch zu einer Anerkennung der Staatsbürgerschaft der DDR, andererseits gebietet das Bundesverfassungsgericht im Grundvertragsurteil, "allen Deutschen im Sinne des Art. 116 Abs. 1 GG Schutz und Fürsorge angedeihen zu lassen" (154), also auch den Bürgern der DDR, auf die sich die deutsche Staatsangehörigkeit erstreckt (155). Die besondere Rechtslage Deutschlands ist es, aus der die Lösung des Spannungsverhältnisses abgeleitet werden kann; denn diese Besonderheit rechtfertigt die Annahme, daß "trotz diplomatischer Anerkennung der DDR durch die meisten Drittstaaten und trotz Mitgliedschaft beider deutscher Staaten in den Vereinten Nationen eben nicht der ... völkerrechtliche Normalfall gegeben ist" (156). Deshalb kann die Bundesrepublik, ausgehend von ihrer Identitätsvorstellung, darauf bestehen, daß die deutsche Staatsangehörigkeit in völkerrechtlichen Verträgen, die sie selbst mit Drittstaaten abschließt, so definiert wird, wie es dem Urteil des Bundesverfassungsgerichts entspricht, und daß, soweit in völkerrechtlichen Verträgen der DDR mit Drittstaaten eine andere Definition der Staatsangehörigkeit enthalten ist, die von der DDR vertretene Staatsangehörigkeitsauffassung ihr gegenüber nicht entgegengehalten wird. Solche Klarstellungen sind auch im Zusammenhang mit den Konsularverträgen der DDR mit Österreich und dem Vereinigten Königreich erfolgt. So hat die österreichische Regierung aus Anlaß des Konsularabkommens mit der DDR klarstellende Erklärungen abgegeben (157), und aus Anlaß des Konsularabkommens mit dem Vereinigten Königreich ist in einem förmlichen Briefwechsel bekräftigt worden, daß das mit der Bundesrepublik abgeschlossene Konsularabkommen vom 30. Juli 1956 (158), in dem die deutschen Staatsangehörigen

---

153 Zieger, Deutsche Staatsangehörigkeit und Drittstaaten, a.a.O., S. 523

154 Urteil B) V) Ziff. 7; BVerfGE 36, 31

155 siehe oben S. 85

156 Zieger, Deutsche Staatsangehörigkeit und Drittstaaten, a.a.O., S. 526

157 Zieger, wie oben, S. 529

158 BGBl. 1957 II S. 285

im Sinne des Art. 116 Abs. 1 GG definiert sind, durch den Vertrag mit der DDR in keiner Weise beeinträchtigt wird (159).

## IV. Die Bedeutung des Grundvertragsurteils für den Bestand der deutschen Staatsangehörigkeit

Unter Bestand der deutschen Staatsangehörigkeit soll die Frage nach der Dauer der auf Deutschland, das Deutsche Reich, bezogenen Angehörigkeit untersucht werden. Die Beantwortung dieser Frage hängt von der Bedeutung der verfassungsrechtlichen Urteilsaussagen zum Rechtsstatus Deutschlands und zum Recht der deutschen Staatsangehörigkeit ab, aber auch davon, welche Bindungswirkung und welchen Bestand das Urteil selbst hat. Schließlich ist für die Antwort auch wichtig, wie die im Urteil enthaltenen völkerrechtlichen Aussagen in ihrer Auswirkung auf den Bestand der deutschen Staatsangehörigkeit zu interpretieren und zu bewerten sind.

### 1. Die verfassungsrechtlichen Urteilsaussagen in ihrer Bedeutung für den Bestand der deutschen Staatsangehörigkeit

Die Frage, ob durch die verfassungsrechtlichen Urteilsaussagen zum Rechtsstatus Deutschlands und zur deutschen Staatsangehörigkeit der Bestand dieses Rechtsinstituts gesichert worden ist, kann deshalb bejaht werden, weil das Bundesverfassungsgericht mit der in diesen Aussagen enthaltenen Konkretisierung der für das Staatsangehörigkeitsrecht in Betracht kommenden Grundgesetzbestimmungen die Einbindung dieses Rechtsinstituts in die Grundkonzeption des Grundgesetzes festgestellt und verdeutlicht hat, und weil es darüberhinaus durch deutliche Verhaltensanweisungen den Verfassungsorganen, den staatlichen Behörden und Gerichten aufgegeben hat, dieses Rechtsinstitut in seinem Bestand zu erhalten.

#### a) Die Bestandswirkung durch die Einbindung in die Grundkonzeption des Grundgesetzes

Auf die Bedeutung, die sich aus der Einbindung der deutschen Staatsangehörigkeit in die durch das Grundgesetz geregelte Grundkonzeption ergibt, weil diese verfassungsrechtliche Regelung sowohl einer Abänderung als auch einer Aufhebung entzogen ist, ist bereits hingewiesen worden (160).

---

159 Zieger, Deutsche Staatsangehörigkeit und Drittstaaten, a.a.O., S. 530, sowie Hinweis auf Anm. 100 dort

160 siehe oben, S. 26 und 30

Nachdem das Bundesverfassungsgericht durch das Grundvertragsurteil den Zusammenhang zwischen dem verfassungsrechtlichen Fortbestand Deutschlands und dem Fortbestand der deutschen Staatsangehörigkeit festgestellt und die Identitätsauffassung, von der das Grundgesetz ausgeht, bestätigt hat (161), ist authentisch eine Interpretation der für das Recht der deutschen Staatsangehörigkeit maßgebenden Grundgesetzbestimmungen erfolgt, die diese verfassungsrechtliche Einbindung bestätigt und durch die mithin der Bestand des Rechtsinstituts gesichert worden ist. Die Aussagen des Bundesverfassungsgerichts hierzu können dahin gedeutet werden, daß sie veranlaßt worden sind durch die Zielvorstellung, die das Gericht bezüglich der Wiederherstellung der staatlichen Einheit Deutschlands aus dem Grundgesetz abgeleitet hat und für die die Sicherung des Bestands der deutschen Staatsangehörigkeit für die Zukunft ein wesentliches Element ist (162).

b) Die Bestandswirkung durch die verfassungsgerichtlichen Verhaltensanweisungen

An mehreren Stellen des Grundvertragsurteils hat das Bundesverfassungsgericht Verhaltensanweisungen erteilt, so bezüglich der deutschen Staatsangehörigkeit unmittelbar mit dem Satz, daß der Status der Deutschen im Sinne des Grundgesetzes nicht gemindert oder verkürzt werden dürfe (163), und mittelbar mit dem Hinweis, daß jede Verkürzung des verfassungsrechtlichen Schutzes durch Folgevereinbarungen grundgesetzwidrig sein würde (164). Das Gericht hat damit seiner Interpretation des Rechtsinstituts der deutschen Staatsangehörigkeit besonderen Nachdruck verliehen. Man kann davon ausgehen, daß die deutsche Staatsangehörigkeit Bestand haben wird in der vom Gericht erkannten Auslegung, solange die Verhaltensanweisungen beachtet werden.

Die im Grundvertragsurteil enthaltenen Verhaltensanweisungen richten sich an alle Verfassungsorgane, alle staatlichen Behörden und Gerichte, aber auch an die ihnen dienenden deutschen Staatsangehörigen. Diese sind unmittelbar durch ihre Tätigkeit in die Gebote der Pflicht und Pflichterfüllung, die das Grundvertragsurteil konkretisiert und inhaltlich bestimmt hat, einbezogen. Auch ohne Funktion im staatlichen Bereich der Bundesrepublik Deutschland sind die deutschen Staatsangehörigen zu Treue und Geoorsam der Verfassung verpflichtet. Das ist die Ergänzung zu den Freiheits- und Grundrechten, die notwendig ist, um deren Erhaltung zu sichern. Die deutsche Staatsangehörigkeit gewährt allen deutschen Staatsangehörigen

---

161 siehe oben, S. 65 ff

162 siehe oben, S. 84 ff

163 siehe oben, S. 100

164 siehe oben, S. 103

bedeutsame Rechtspositionen. Ohne das Korrelat des Gedankens der Pflicht und Pflichterfüllung, die auch die Beachtung der verfassungsgerichtlichen Festlegungen einbeziehen sollten, sind diese Freiheiten und Rechte auf Dauer nicht bestandsfähig.

## 2. Die Bestandswirkung für die Dauer des Bestands der Entscheidung

Der Satz, die Bestandswirkung des Grundvertragsurteils für das Rechtsinstitut der deutschen Staatsangehörigkeit erstrecke sich auf die Dauer des Bestands der Entscheidung selbst, scheint eine Selbstverständlichkeit auszudrücken. Bei näherer Betrachtung zeigt es sich aber, daß die im Grundvertragsurteil enthaltenen und die deutsche Staatsangehörigkeit betreffenden Aussagen auch ohne Aufhebung oder Abänderung durch ein nachfolgendes Verfassungsgerichtsurteil unter bestimmten Voraussetzungen nicht mehr wirksam bleiben könnten. Es handelt sich hierbei um solche Entwicklungen und mit dem Zeitablauf verbundenen und sich vollziehenden Veränderungen, die so weitgehend und fundamental sein könnten, daß selbst die als unauflösbar und unveränderbar bezeichnete Grundkonzeption des Grundgesetzes und die in sie eingebundene deutsche Staatsangehörigkeit betroffen sein könnten. Der Fall einer Umgestaltung des Verfassungsrechts und damit auch einer Aufhebung der Bestandswirkung des Grundvertragsurteils durch revolutionären Akt soll dabei aber außer Betracht bleiben. Vielmehr ist an einen evolutionären Wandel gedacht. In dieser Hinsicht sollen wegen ihrer Bedeutung für den Bestand der deutschen Staatsangehörigkeit die verfassungsrechtliche Problematik des Zeitablaufs im allgemeinen untersucht werden und die Frage der Aufhebung der Bestandswirkung des Grundvertragsurteils durch stillen Verfassungswandel im besonderen.

### a) Die verfassungsrechtliche Problematik des Zeitablaufs

(1) Es ist ein eigenartiges Phänomen der Gegenwart, daß einerseits das menschliche Erkenntnisvermögen ungemein erweitert worden ist und den Blick in ein Weltall von einer nie für möglich gehaltenen Größe gewährt, verbunden mit einem nie erahnten bereits vollzogenen Zeitablauf von ungeheurer Dimension, innerhalb deren die Dauer eines Menschenlebens auf einen nicht mehr meßbaren Bruchteil einer Zeiteinheit reduziert ist, und daß andererseits das auf die Gegenwart und Zukunft gerichtete menschliche Bewußtsein die durch den Zeitablauf sich vollziehende Veränderung immer schneller vollzogen sehen will. Einer solchen Akzeleration sollte entgegengewirkt werden, da das menschliche Leben von so kurzer Dauer ist, daß die mit so großer Beschleunigung ablaufenden und sich vollziehenden Veränderungen andernfalls geistig und seelisch nicht verarbeitet werden können.

(2) Das gilt auch und vor allem für die menschlichen Gemeinschaften und hierbei insbesondere für die Staaten. Der im Staatsbegriff enthaltene Hinweis auf das Element des Beständigen zeigt, daß die Staatenbildung wohl

auch aus dem Bewußtsein vollzogen worden ist, der menschlichen Gemeinschaft Stetigkeit zu verleihen. Die Verfassungen der Staaten können in diesem Zusammenhang als Stabilisatoren bewertet werden. Sie sollen einer im Zeitablauf sich zu schnell und mit zu großer Beschleunigung vollziehenden Veränderung der staatlichen Verhältnisse entgegenwirken. Aus dieser Sicht ist die Verfassung als rechtliche Grundordnung "das ruhende, beharrende Element des staatlichen Lebens" (165).

(3) Dieser verfassungsrechtlich statischen Betrachtungsweise steht ein dynamisches Verfassungsverständnis gegenüber, wonach eine Anpassung der Verfassung an veränderte Verhältnisse als notwendig erachtet wird und "der Verfassungswandel als Ausdruck einer zeitgeprägten Verfassung" gesehen wird (166). Diese Auffassung geht so weit, daß sogar "Entscheidungen der Verfassungsgerichte, jedenfalls bei einem grundlegenden rechtlichen und (oder) tatsächlichen Wandel seit Ergehen eines Judikats, keine Bindungswirkung mehr zukommen" sollen (167). Die Einschränkung: "Bei grundlegendem rechtlichen und (oder) tatsächlichen Wandel seit Ergehen des Judikats" ist hierbei ganz besonders hervorzuheben angesichts der "Gefahren eines Verfassungswandels" (168).

(4) Die Möglichkeiten eines Verfassungswandels bei der Konkretisierung des Inhalts verfassungsrechtlicher Normen aufgrund wesentlich veränderter tatsächlicher Verhältnisse, einer wesentlich veränderten Wirklichkeit, sind begrenzt (169), und es darf nicht übersehen werden, daß die Verwirk-

---

165 Kägi, Die Verfassung als rechtliche Grundordnung des Staates, 1945, S. 52; vgl. hierzu auch Scheuner, Artikel "Verfassung", in: Staatslexikon Bd. 8, hrsg. von der Görres-Gesellschaft, 6. Aufl., 1963, S. 118 und Hesse, Grundzüge des Verfassungsrechts der Bundesrepublik Deutschland, S. 11

166 Schenke, Verfassung und Zeit - von der "entzeiteten" zur zeitgeprägten Verfassung, in: AÖR, S. 585

167 Vgl. Schenke, a.a.O., S. 585 und insbes. die in Anm. von Schenke zum Ausdruck gebrachten Bedenken gegen eine Erstreckung der Bindungswirkung auf die Entscheidungsgründe vor allem "dann, wenn das BVerfG (wie im Grundvertragsurteil) eine Kompetenz-Kompetenz bezüglich der tragenden Gründe einer Entscheidung für sich in Anspruch nimmt".

168 Hierzu auch Schenke, a.a.O., S. 587 ff, der zwar den Gedanken der Fortentwicklung der Verfassung durch einfache Gesetze nicht ablehnt aber vor einer Überbetonung "der Fortentwicklung der Verfassung durch die Gesetzgebung" eindringlich warnt mit dem Hinweis, daß dies "nichts anderes bedeuten würde als eine Aufgabe der Verfassungsbindung des Gesetzgebers und einen Verlust der Kontrollfunktion der Verfassung".

169 Hesse a.a.O., S. 19 u. 20, sowie Schenke a.a.O., S. 588, der ebenfalls auf die Grenzen des Verfassungswandels verweist.

lichung der Verfassung an die Verfassungsnormen gebunden bleibt (170). Verfassung und Verfassungswirklichkeit sind deshalb nicht als Gegensätze zu betrachten, soweit unter Verfassungswirklichkeit die verwirklichte Verfassung verstanden wird; denn es gibt "keine Verfassungswirklichkeit contra constitutionem" (171).

(5) Die im Zusammenhang mit dem Staatsangehörigkeitsrecht zu beurteilenden Grundaussagen, Grundpositionen und Zielvorstellungen des Grundgesetzes, sowie die darauf bezogenen Postulate sind für die Zukunft Deutschlands von so großer Bedeutung, daß daran nicht gerüttelt werden sollte. Deshalb sollte im Hinblick auf den Zeitablauf einer statischen Betrachtungsweise der Vorzug vor einer dynamischen gegeben werden, jedenfalls soweit es sich um die Grundstruktur der Verfassung handelt (172).

b) Die Frage nach Aufhebung der Bestandswirkung des Grundvertragsurteils durch stillen Verfassungswandel

(1) Wenn auch im Rahmen der obigen Ausführungen die Auffassung vertreten worden ist, daß, jedenfalls soweit es sich um die Grundstruktur der Verfassung handelt, einer statischen Betrachtungsweise der Vorzug vor einer dynamischen gegeben werden sollte - m.a.W.: daß sich in einer die Grundstruktur der Verfassung betreffenden Materie ein stiller Verfassungswandel nicht vollziehen kann -, so soll doch trotzdem geprüft werden, ob seit Erlaß des Grundvertragsurteils ein grundlegender rechtlicher und (oder) tatsächlicher Wandel der die deutsche Staatsangehörigkeit betreffenden Verhältnisse eingetreten ist.

(2) Ein grundlegender rechtlicher Wandel würde nur dann als erfolgt angesehen werden können, wenn durch privatrechtliche oder öffentlichrechtliche Vorschriften seit Erlaß des Grundvertragsurteils das Recht der deutschen Staatsangehörigkeit in seiner Grundkonzeption berührt worden wäre. Derartige Rechtsvorschriften sind nicht ersichtlich. Änderungen des Reichs-

---

170 Hesse a.a.O., S. 20

171 Hesse, wie oben, sowie vgl. auch Forsthoff, Die Umbildung des Verfassungsgesetzes, in: Verfassung, Beiträge zur Verfassungstheorie, S. 150, der die Destabilisierung durch die werthierarchisch-geisteswissenschaftliche Methode der herkömmlichen Methode gegenübergestellt hat.

172 Blumenwitz hat in seinem Plädoyer in: Cieslar, Hampel, Zeitler, a.a.O., S. 185, ausgeführt, daß der Staatsbegriff zu den Grundstrukturen der Verfassung zähle, die sich verfassungsrechtlich außerhalb der Verfassungsurkunde nicht umgestalten können; vgl. auch Kimminich, der in: Zur Sache, a.a.O., S. 165, ausgeführt hat, daß man "wohl schlecht einen grundlegenden, tragenden Verfassungsbegriff auf stillem Wege wandeln" könne.

und Staatsangehörigkeitsgesetzes, die seither ergangen sind (173), oder die zu diesem Gesetz seit dieser Zeit ergangenen Ausführungsverordnungen (174) berühren das Rechtsinstitut der deutschen Staatsangehörigkeit nicht in seinem Wesenskern und in seiner Grundkonzeption.

(3) Auch die auf dem Grundvertrag beruhenden staatsrechtlichen Beziehungen zwischen der Bundesrepublik Deutschland und der Deutschen Demokratischen Republik haben keine Auswirkung auf das Staatsangehörigkeitsrecht gehabt. Dies gilt vor allem deshalb, weil aufgrund der Protokollerklärungen zur Staatsangehörigkeitsfrage das Rechtsinstitut der deutschen Staatsangehörigkeit durch den Grundvertrag nicht berührt werden sollte, und weil seit Erlaß des Grundvertragsurteils im Rahmen der staatsrechtlichen Beziehungen keine die deutsche Staatsangehörigkeit betreffenden Regelungen ergangen sind. Deshalb ist die Feststellung gerechtfertigt, daß zum Recht der deutschen Staatsangehörigkeit seit Erlaß des Grundvertragsurteils kein rechtlicher Wandel der Verhältnisse eingetreten ist.

(4) Was die tatsächlichen Verhältnisse anlangt, ergibt sich folgendes: Die Absperrmaßnahmen, die die DDR an der Grenze zur Bundesrepublik Deutschland bis zum Zeitpunkt des Erlasses des Grundvertragsurteils durchgeführt hatte, sind unverändert bestehengeblieben, wenn man von der technischen Perfektionierung absehen will. Trotz dieser Absperrmaßnahmen ist jedoch das Bewußtsein der Zusammengehörigkeit im deutschen Volke auf beiden Seiten der Mauer erhalten geblieben. Vielleicht haben sogar die durch den Grundvertrag erstrebten menschlichen Erleichterungen das Zusammengehörigkeitsgefühl verstärkt. Jedenfalls sind keine Tatsachen ersichtlich, aus denen hinsichtlich der deutschen Staatsangehörigkeit ein grundlegender Wandel der Verhältnisse abgeleitet werden könnte. Deshalb sind auch insoweit die Voraussetzungen für einen stillen Verfassungswandel nicht gegeben.

### 3. Die völkerrechtlichen Urteilsaussagen in ihrer Bedeutung für den Bestand der deutschen Staatsangehörigkeit

Das Grundvertragsurteil enthält mehrere Aussagen, die völkerrechtlich relevant sind. Es handelt sich um die Aussagen zur Frage einer völkerrechtlichen Anerkennung der DDR durch die Bundesrepublik Deutschland

---

173 Gesetz zur Änderung des RuStAG vom 20. Dezember 1974 mit Ausführungserlaß vom 19. März 1975 (BGBl. I 3714)

174 Staatsangehörigkeitsgebührenverordnung vom 28. März 1974 (BGBl. I 809), Richtlinien für die Gebührenbemessung in Einbürgerungsangelegenheiten vom 9. Mai 1974 (GMBl. 184) sowie allgemeine Verwaltungsvorschriften über Urkunden in Staatsangehörigkeitssachen vom 18. Juni 1975 (GMBl. 462)

und um die Aussagen zur völkerrechtlichen Durchsetzbarkeit der verfassungskonformen Auslegung des Grundvertrags. Wie nachstehend gezeigt wird, sind diese Aussagen für den Bestand der deutschen Staatsangehörigkeit bedeutsam.

a) Zur Frage einer völkerrechtlichen Anerkennung der DDR durch die Bundesrepublik Deutschland

Das Bundesverfassungsgericht hat im Grundvertragsurteil ausgeführt, daß eine völkerrechtliche Anerkennung der DDR durch die Bundesrepublik Deutschland "nicht nur nie förmlich ausgesprochen, sondern im Gegenteil wiederholt ausdrücklich abgelehnt" worden sei, und daß "insbesondere das Abschließen des Vertrags ... nur als eine faktische Anerkennung besonderer Art verstanden werden" könne (175).

(1) Diese Ausführungen sind enthalten in dem Teil des Urteils, in dem das Gericht die Besonderheit der durch den Vertrag geregelten Beziehungen dargelegt und begründet hat. Der Rechtsbegriff der "faktischen Anerkennung besonderer Art" muß in diesem Zusammenhang gesehen und gewürdigt werden (176). Es handelt sich um einen Rechtsbegriff, den das Gericht zur Kennzeichnung und Bewertung des Vertragsabschlusses geschaffen hat, und durch den es der Besonderheit der durcn den Vertragsabschluß festgelegten Beziehungen Rechnung tragen wollte. Diese besondere Kennzeichnung und Bewertung war erforderlich geworden, nachdem bereits durch die in der Regierungserklärung vom 28. Oktober 1969 angewandte Formel von den "zwei Staaten in Deutschland" Mißverständnisse entstanden waren dahin, es handle sich um eine völkerrechtliche Anerkennung (177). Durch die zur Frage der Anerkennung gemachten Urteilsausführungen ist klargestellt worden, daß das Abschließen des Vertrages nicht als völkerrechtliche Anerkennung der DDR zu bewerten sei sondern nur als eine Zurkennt-

---

175 Urteil B) IV) Ziff. 3 Abs. 1; BVerfGE 36, 22, 23

176 Vgl. Mahnke, Die besonderen Beziehungen zwischen beiden deutschen Staaten, in: Fünf Jahre Grundvertragsurteil des Bundesverfassungsgerichts, S. 181

177 Vgl. Tiemann, a.a.O., S. 74, sowie Zieger, Zwei Staaten in Deutschland, a.a.O., S. 137, der zutreffend darauf hinweist, daß die Formel von den "zwei Staaten in Deutschland" in eine weitläufigere Formulierung eingebaut ist und erst in ihrer Geschlossenheit das politische Gewicht dieser neuen Aussage und ihre rechtlichen Folgerungen zum Ausdruck bringt, und der die entsprechende Passage wie folgt zitiert: "Eine völkerrechtliche Anerkennung der DDR durch die Bundesregierung kann nicht in Betracht kommen. Auch wenn zwei Staaten in Deutschland existieren, sind sie doch füreinander nicht Ausland, ihre Beziehungen können nur besonderer Art sein".

nisnahme (178) der Staatlichkeit, als eine Hinnahme eines staatsrechtlichen Zustandes.

(2) Ob ein bestimmtes staatliches Verhalten als ein Akt völkerrechtlicher Anerkennung zu werten ist, hängt allerdings nicht von der verfassungsgerichtlichen Interpretation sondern davon ab, wie es nach allgemeinen völkerrechtlichen Grundsätzen und Gepflogenheiten von der Völkerrechtsgemeinschaft aufgefaßt und verstanden wird. Hierzu gilt aber folgendes: Die völkerrechtliche Anerkennung eines Staates ist ein so bedeutsamer Akt, daß konkludentes Verhalten nur dann die Annahme einer völkerrechtlichen Anerkennung rechtfertigen kann, wenn andere Deutungsmöglichkeiten ausgeschlossen sind oder jedenfalls so fern liegen, daß ihre Einbeziehung in die Bewertung als außergewöhnlich angesehen werden müßte. Aus den Vertragsverhandlungen und dem Abschließen eines Vertrags kann ein zwingender Schluß auf völkerrechtliche Anerkennung nicht abgeleitet werden (179). Im Falle des Grundvertrags kommt noch hinzu, daß es sich um ganz besonders geartete Beziehungen gehandelt hat, was aus der Vorgeschichte der Vertragsverhandlungen den Beteiligten bekannt war.

(3) Geht man mit dem Bundesverfassungsgericht davon aus, daß im Rahmen der Kontinuitätsauffassung die Identitätsvorstellung zur verfassungsrechtlichen Grundkonzeption der Bundesrepublik Deutschland gehört, und daß die deutsche Staatsangehörigkeit nur in der Einbindung in diese Grundkonzeption Bestand haben kann (180), dann konnte das Bundesverfassungsgericht die Verfassungskonformität des Grundvertrags nur feststellen, wenn es - wie geschehen - das Abschließen des Vertrags nicht als Akt der völkerrechtlichen Anerkennung der DDR durch die Bundesrepublik bewertete und insoweit mit dem Begriff der "faktischen Anerkennung besonderer Art" einen Vorbehalt zum Ausdruck brachte. Da ein solcher Vorbehalt weder beim Abschluß noch bei der Ratifikation des Vertrags der DDR gegenüber ausdrücklich gemacht worden war, war diese Klarstellung notwendig. Sie entsprach aber auch der völkerrechtlichen Lage, wie sie beim Abschluß des Vertrags bestanden hatte; denn bis zu diesem Zeitpunkt war der in der Regierungserklärung vom 28. Oktober 1969 enthaltene ausdrückliche Vorbehalt (181) weder widerrufen noch fallengelassen worden. Daß mit der DDR Vertragsverhandlungen geführt worden sind, und daß diese zum Ab-

---

178 Zieger, Zwei Staaten in Deutschland, a.a.O., S. 137

179 Die Auffassung von Blumenwitz, in: Cieslar, Hampel, Zeitler, a.a.O., S. 177, es hätte "eines ausdrücklichen und von der anderen Seite akzeptierten Vorbehalts, daß der Vertrag nicht von der Völkerrechtsordnung gedeckt sondern 'etwas anderes' sein solle", bedurft, kann für den Sonderfall des Grundvertrags nicht geteilt werden.

180 siehe oben S. 111 f

181 siehe oben Anm. 177 auf S. 117

schluß des Grundvertrags geführt haben, kann für sich allein deshalb nicht als ein Akt völkerrechtlicher Anerkennung der DDR gewertet werden, weil sich auch ohne ausdrücklichen Vorbehalt aus Sinn und Inhalt dieses Vertrags die Besonderheit der Beziehungen und damit die Fortgeltung des Vorbehalts ergeben hat. Dies gilt vor allem wegen des in der Präambel vereinbarten Dissenses zur nationalen Frage und der zum Vertragswerk gehörenden Erklärung zur Staatsangehörigkeitsfrage.

(4) Eine völkerrechtliche Anerkennung der DDR durch die Bundesrepublik Deutschland hätte weitreichende Folgen für die deutsche Staatsangehörigkeit. Dies gilt deshalb, weil mit der völkerrechtlichen Anerkennung der DDR auch die Anerkennung der DDR-Staatsangehörigkeit verbunden sein würde, und zwar mit dem Sinn- und Wesensgehalt, den dieses Rechtsinstitut durch das Staatsbürgerschaftsgesetz in Verbindung mit der Verfassung der DDR erhalten hat (182). Die entscheidende Konsequenz aber würde sein, daß an der deutschen Staatsangehörigkeit als einer auf Deutschland, das Deutsche Reich bezogenen Angehörigkeitsbeziehung nicht mehr festgehalten werden könnte (183). Eine von der Bundesrepublik völkerrechtlich anerkannte DDR müßte von ihr auch im Hinblick auf das Staatsangehörigkeitsrecht als Ausland behandelt werden.

(5) Die deutsche Staatsangehörigkeit kann nur solange bestehen bleiben, solange es gelingt, die von der DDR angestrebte völkerrechtliche Wirksamkeit der Sezession und die von der DDR zu diesem Zweck erstrebte völkerrechtliche Anerkennung seitens der Bundesrepublik Deutschland zu verhindern. Mit dem Abschluß des Sezessionsprozesses würde die deutsche Staatsangehörigkeit völkerrechtlich nicht mehr vertretbar sein. Wenn eine völkerrechtliche Anerkennung der DDR geeignet ist, diesen Sezessionsprozeß zum Abschluß zu bringen, dann würde auch schon die Anerkennung der DDR-Staatsbürgerschaft durch die Bundesrepublik Deutschland als eine Staatsangehörigkeit mit völkerrechtlicher Wirksamkeit ihr gegenüber einen entscheidenden Schritt in dieser Richtung beinhalten, zumal aus dem Akt einer solchen Anerkennung die völkerrechtliche Anerkennung der DDR abgeleitet werden kann.

(6) Zwischen völkerrechtlicher Anerkennung der DDR und Anerkennung der DDR-Staatsbürgerschaft besteht eine Wechselwirkung gegenseitiger Bedingtheit. Jede völkerrechtliche Anerkennung, die des Staates oder die der Staatsangehörigkeit, führt für sich - unmittelbar oder mittelbar - zum gleichen Ergebnis, als dessen Folge das Bezugsobjekt für die gemeinsame deutsche Staatsangehörigkeit und damit die deutsche Staatsangehörigkeit beseitigt wird. Eine derartige Auswirkung läßt sich nicht durch Vorbehalte verhindern, die im Zusammenhang mit völkerrechtlichen Anerkennungserklärungen abgegeben werden könnten. Ein Vorbehalt zur Staatsangehörig-

---

182 Tiemann a.a.O., S. 74

183 Tiemann a.a.O., S. 75

keitsfrage in Verbindung mit der ausdrücklichen Anerkennung der DDR-Staatsbürgerschaft dahin abgegeben, die deutsche Staatsangehörigkeit solle dadurch nicht berührt werden, würde von der Völkerrechtsgemeinschaft deshalb nicht anerkannt werden, weil die durch die völkerrechtliche Anerkennung der DDR-Staatsbürgerschaft implizierte völkerrechtliche Anerkennung der DDR die völkerrechtliche Grundlage für das Bezugsobjekt einer gemeinsamen deutschen Staatsangehörigkeit beseitigen würde. Auch ein Vorbehalt dahin, daß der Rechtsstatus Deutschlands nicht berührt werden und durch die Anerkennung der DDR-Staatsbürgerschaft eine völkerrechtliche Anerkennung nicht erfolgen solle, würde diese Entwicklung nicht verhindern können. Eine derart eingeschränkte Anerkennung der DDR-Staatsbürgerschaft hätte keine Aussicht, von der Völkerrechtsgemeinschaft in diesem Sinne behandelt zu werden. Anders verhält es sich mit der zum Vertragswerk gehörenden Erklärung der Bundesrepublik Deutschland zur Staatsangehörigkeitsfrage. Soweit jene Erklärung einen Vorbehalt enthält, dient er der Aufrechterhaltung der zur deutschen Staatsangehörigkeit vertretenen Auffassung und steht nicht in Verbindung mit einer ausdrücklichen Anerkennungserklärung. Die Wirkung des Vorbehalts in jener Erklärung kann sich gerade deshalb entfalten, weil eine ausdrückliche Anerkennung der DDR und deren Staatsangehörigkeit vermieden worden ist.

(7) Vor allem aber ist das verfassungsgerichtliche Gebot zu beachten, das Rechtsinstitut der deutschen Staatsangehörigkeit in seiner Wirksamkeit für alle Deutschen vor Beeinträchtigungen zu bewahren. Auch die oben zitierte verfassungsgerichtliche Aussage beinhaltet dieses Gebot, zwar nicht ausdrücklich jedoch sinngemäß. Das wird deutlich, wenn man die die Anerkennung der DDR betreffenden Urteilsausführungen betrachtet im Zusammenhang mit den Urteilsausführungen zum Rechtsstatus Deutschlands und zur deutschen Staatsangehörigkeit. Als Ergebnis kann danach festgestellt werden, daß das Grundvertragsurteil durch die Klarstellung zur Frage der völkerrechtlichen Anerkennung der DDR und durch die Verneinung dieser Frage Bedeutung hat für den Bestand der deutschen Staatsangehörigkeit.

b) Zur Frage der völkerrechtlichen Durchsetzbarkeit der verfassungskonformen Auslegung

Das Bundesverfassungsgericht hat die Umstände aufgeführt, die geeignet seien, "auch in der völkerrechtlichen Auseinandersetzung, insbesondere auch gegenüber dem Vertragspartner dem Vertrag die Auslegung zu geben, die nach dem Grundgesetz erforderlich ist", und es hat hinzugefügt: "Das steht im Einklang mit einem Satz des allgemeinen Völkergewohnheitsrechts, der in der Staatenpraxis Bedeutung hat, wenn es darum geht, ob ausnahmsweise ein Vertragsteil sich dem anderen gegenüber darauf berufen kann, dieser hätte erkennen können und müssen, daß dem Vertrag in einer bestimmten Auslegung das innerstaatliche Verfassungsrecht entgegensteht" (184).

---

184 Urteil B) VI) Ziff. 3; BVerfGE 36, 36

Der Grundvertrag war bereits durch die am 20. Juni 1973 erfolgte Ratifikation rechtswirksam geworden, als das Grundvertragsurteil am 31. Juli 1973 ergangen ist. Für die Ratifikation war keine besondere Klausel des Inhalts vereinbart worden, "der Vertrag trete erst in Kraft, nachdem die verfassungsrechtlichen Bedingungen in den einzelnen Vertragsstaaten erfüllt" seien (185). Deshalb ergibt sich das Problem der völkerrechtlichen Durchsetzbarkeit der erst nach Rechtskraft des Vertrags ergangenen verfassungsgerichtlichen Vertragsauslegung. Das Bundesverfassungsgericht hat dieses Problem mit dem oben zitierten Satz des allgemeinen Völkergewohnheitsrechts gelöst.

aa) Gibt es einen Satz des allgemeinen Völkergewohnheitsrechts, daß "ausnahmsweise ein Vertragsteil sich dem anderen gegenüber darauf berufen kann, dieser hätte erkennen können und müssen, daß dem Vertrag in einer bestimmten Auslegung das innerstaatliche Verfassungsrecht entgegensteht"?

Es sei vorausgeschickt, daß eine erschöpfende und alle Aspekte umfassende Beantwortung dieser Frage im Rahmen dieser Arbeit nicht möglich ist.

(1) Einhellige Meinung der Kommentatoren des Urteils ist es, daß ein Satz des allgemeinen Völkergewohnheitsrechts des Inhalts, wie ihn das Bundesverfassungsgericht dargelegt hat, nicht besteht (186). Dem Bundesverfassungsgericht wird vorgeworfen, es verwechsele die Frage, wie weit das Verfassungsrecht bei der Vertragsauslegung relevant sei, mit dem Problem, wann Verfassungsverletzungen beim Vertragsabschluß die Gültigkeit eines Vertrages beeinflussen (187). Die einseitige Interpretation führe nicht nur in eine Sackgasse, sie löse den Vertragskonsens auf (188). Zu den Umständen im Sinne von Art. 32 WVRK könne nicht das erst nach Vertragsabschluß eintretende Ergebnis des Normenkontrollverfahrens gerechnet werden (189). Der scharfen Kritik des Bundesverfassungsgerichts ist aber auch entgegengehalten worden, es sei fraglich, ob die Wiener Vertragskonvention das Völkergewohnheitsrecht erschöpfend wiedergebe und es nicht Auslegungsmöglichkeiten gäbe, "die sich im Völkergewohnheitsrecht entwickelt haben und die nicht aufgenommen sind in die Formulie-

---

185 Vgl. Wengler, Diskussionsbeitrag in: Fünf Jahre Grundvertragsurteil des Bundesverfassungsgerichts, S. 259

186 Vgl. hierzu Ress a.a.O., S. 354 sowie Anm. 60 auf dieser Seite

187 Ress, wie oben, sowie Anm. 61

188 Ress a.a.O., S. 356 mit Hinweis in Anm. 69 auf Bernhardt, Völkerrechtliche Bemerkungen zum Grundvertragsurteil des Bundesverfassungsgerichts in: Recht im Dienst des Friedens, Festschrift für E. Menzel (1975) S. 118

189 Ress a.a.O., S. 356

rung der Wiener Vertragskonvention" (190); die vom Bundesverfassungsgericht vertretene Auffassung lasse sich zumindest nachvollziehen (191). Bemerkenswert ist die von Geck in diesem Zusammenhang vertretene Auffassung, "ein Vertragsgesetz dürfe nie verfassungskonform ausgelegt werden, wenn der Vertragspartner die verfassungskonforme Auslegung entschieden ablehnt oder wenn sie objektiv gesehen völkerrechtlich nicht haltbar ist;" denn es sei dann nicht gewährleistet, daß er (der Vertrag) auf der internationalen Ebene so praktiziert werde, wie er innerstaatlich ausgelegt worden sei (192).

(2) Der vom Bundesverfassungsgericht erkannte Satz des allgemeinen Völkergewohnheitsrechts ist eine Auslegungsregel unter Anwendung des bona fides-Grundsatzes, m.a.W. eine Regel, wonach bei Auslegung eines völkerrechtlichen Vertrages der Grundsatz von Treu und Glauben anzuwenden sei. Dieser Grundsatz ist ein allgemeiner Rechtsgedanke des innerstaatlichen Rechts; er beherrscht aber nicht nur das Zivilrecht sondern gilt auch im Verwaltungsrecht, und er ist als ein aus innerstaatlichem Recht abgeleitetes Prinzip in das Völkerrecht übernommen worden. "Die Rechtsregel, daß solche Rechtsprinzipien bestehen und geachtet werden müssen, ist eine alte Regel des Völkergewohnheitsrechts und als solche für alle Mitglieder der Völkerrechtsgemeinschaft bindend" (193). Ein allgemeiner Rechtsgrundsatz dieser Art ist das Prinzip von Treu und Glauben (194). Schon Vertragsverhandlungen stehen unter diesem Prinzip (195), weil Verhandlungen - obwohl eine konkrete Rechtsbindung noch fehlt - bereits engere Beziehungen zwischen den Verhandlungspartnern schaffen (196). Dabei ist im Einzelfall "anhand sämtlicher Äußerungen und Umstände und am Maßstab jenes minimum of fair dealing zu ermitteln", "welche rechtlich schützenswerten Erwartungen die Parteien mit der Aufnahme oder Fortführung von Verhandlungen verbinden durften" (197).

---

190 Rauschning, Diskussionsbeitrag in: Fünf Jahre Grundvertragsurteil des Bundesverfassungsgerichts, S. 258

191 Rauschning, a.a.O., S. 259

192 Geck, Diskussionsbeitrag in: Fünf Jahre Grundvertragsurteil des Bundesverfassungsgerichts, S. 255

193 Berber, Lehrbuch des Völkerrechts, I. Band, Allgemeines Friedensrecht, S. 66

194 Berber a.a.O., S. 71

195 Berber a.a.O., S. 448

196 Berber, w.o.; vergl. auch Müller, Vertrauensschutz im Völkerrecht, S. 262

197 Müller a.a.O., S. 161

(3) Aus der als Ausfluß des Prinzips von Treu und Glauben sich ergebenden Bindungswirkung der Vertragsverhandlungen, die bei Vorliegen besonderer Umstände zu bejahen ist, folgt nicht ohne weiteres, daß nach Abschluß des Vertrags und nach Eintritt von dessen Rechtskraft auf die bei den Vertragsverhandlungen abgegebenen Erklärungen zurückgegriffen werden kann (198). Damit ist aber nicht gesagt, daß der Grundsatz von Treu und Glauben für die Vertragsauslegung überhaupt keine Bedeutung habe, soweit es sich darum handelt, besondere bei den Vertragsverhandlungen gegeben gewesene Umstände und im Hinblick auf fundamentale Bestimmungen innerstaatlichen Rechts abgegebene Erklärungen in die Vertragsauslegung einzubeziehen. Wenn man davon ausgeht, daß die Aufnahme und Durchführung von Vertragsverhandlungen bei den Vertragspartnern Vertrauen voraussetzt und darüberhinaus erweckt, dann erscheint es bei Vorliegen ganz besonderer Umstände gerechtfertigt, den Vertrauensschutz auch auf die Vertragsinterpretation zu erstrecken und bei ihr zur Geltung kommen zu lassen (199), und zwar dahin, daß bei der Auslegung des Vertrags diese besonderen Umstände, die bei den Vertragsverhandlungen gegeben waren, und die dazu abgegebenen Erklärungen zu berücksichtigen sind.

(4) Die besonderen Umstände, die der DDR schon vor dem Inkrafttreten des Vertrags bekannt waren, führt das Bundesverfassungsgericht wie folgt auf: "Volle Kenntnis von dem beim Bundesverfassungsgericht anhängigen Verfahren, von der Kompetenz des Bundesverfassungsgerichts, von der Bindung der Bundesregierung und aller Verfassungsorgane, Gerichte und Behörden des Bundes und der Länder an die Entscheidungen des Bundesverfassungsgerichts", Kenntnis der "rechtlichen Darlegungen der Bundesregierung im Gesetzgebungsverfahren, die in der Substanz mit der durch dieses Urteil verbindlich gewordenen Rechtsauffassung nicht in Widerspruch stehen", und Kenntnis des Textes des Vertragsgesetzes einschließlich des Briefes zur deutschen Einheit, sowie Kenntnis der Hinweise der Bundesregierung, denen nicht widersprochen wurde, "daß sie (die Bundesregierung) den Vertrag nur abschließen könne so, wie er mit dem Grundgesetz vereinbar sei" (200). Diese Umstände stehen im Zusammenhang mit der Besonderheit der Verhältnisse und Beziehungen, zu deren Regelung der Grundvertrag ausgehandelt wurde. Wenn man dies berücksichtigt und dabei in Betracht zieht, daß die Bundesrepublik Deutschland und die Deutsche Demokratische Republik Teile eines einheitlichen Volkes umfassen, das die gleiche Sprache spricht, die gleiche Geschichte hat und dem gleichen Kulturkreis angehört, dann wird deutlich, daß der Vertrauens-

---

198 nach Berber, a.a.O., S. 449, haben "Parteierklärungen während Verhandlungen, die nicht in einem nachfolgenden Abkommen festgehalten sind", keinerlei verpflichtende Wirkung.

199 Müller, a.a.O., S. 255

200 Urteil B) VI) Ziff. 3; BVerfGE 36, 36

schutz im Verhältnis zweier sich so nahestehender Vertragsparteien stärker zu beachten ist als im Verhältnis zweier einander fremder Staaten. Hinzu kommt noch, daß die Umstände, auf die das Bundesverfassungsgericht abgestellt hat, fundamentale Verfassungsbestimmungen betreffen.

(5) Der Vorrang der Rechtssicherheit im völkerrechtlichen Bereich darf allerdings nicht verkannt werden. Das kann aber nicht dazu führen, daß das Recht aus einem rechtskräftig gewordenen Vertrag stets Vorrang habe, und zwar auch dann, wenn fundamentale Bestimmungen der Verfassung dadurch verletzt würden. In einem solchen Konflikt zwischen völkerrechtlich bindendem Vertragsrecht und innerstaatlich nur einen Vertragspartner bindenden Verfassungsrecht kann das Völkerrecht nicht unbedingt und immer den Vorrang beanspruchen. Das muß vor allem in den Fällen gelten, in denen fundamentale Verfassungsbestimmungen bei Geltung des Vertragsrechts berührt und außer Kraft gesetzt werden. Wenn diese Folge aus der Rechtskraft und Bindungswirkung des Vertrags dem Vertragspartner, der selbst der verfassungsrechtlichen Bindung nicht unterliegt, während der Vertragsverhandlungen genau bekanntgegeben worden ist, wie vom Bundesverfassungsgericht festgestellt, dann kann der Vertrauensschutz bei der im vorliegenden Fall gegebenen Besonderheit der Beziehungen und Verhältnisse nicht zurücktreten hinter der Rechtskraftwirkung des Vertrags. Die Rechtssicherheit wird dadurch deshalb nicht beeinträchtigt, weil die an das interne Verfassungsrecht nicht gebundene Vertragspartei die für die andere insoweit bestehende Bindung genau gekannt hat und mithin diese verfassungsrechtliche Begrenzung der Wirksamkeit des Vertrags in ihre Überlegungen einbezogen hat. Das Schweigen im Zusammenhang mit der Kenntnis dieser Umstände muß bei der Besonderheit der Verhältnisse zumindest als eine widerspruchslose Hinnahme gewertet werden mit der Folge, daß Vertrauen in eine entsprechende Vertragsauslegung entstehen konnte. Eine andere Auffassung konnte sich nicht ergeben; denn eine Unterstellung dahin, die verfassungsrechtlich nicht gebundene Vertragspartei DDR wolle der gebundenen Vertragspartei Bundesrepublik eine Verletzung fundamentaler Verfassungsrechtsbestimmungen wegen der Wirksamkeit des Vertrags zumuten, war abwegig.

(6) Die Anerkennung der völkerrechtlichen Relevanz internen Verfassungsrechts ist ohne Präjudiz (201). Aus der Tatsache, daß es keinen Präzedenzfall gibt, kann aber nicht gefolgert werden, der vom Bundesverfassungsgericht erkannte Satz des allgemeinen Völkergewohnheitsrechts müsse abgelehnt werden. Zwar hat sich jeder Satz des Völkergewohnheitsrechts aus der Völkerrechtspraxis entwickelt, jedoch ist zu bedenken, daß die Entstehung eines neuen Rechtssatzes auf diesem Gebiet immer mit einem Fall beginnt, dem kein vergleichbarer vorausgegangen ist. Für die Begründung eines neuen Satzes des allgemeinen Völkergewohnheitsrechts und für seine

---

201 Müller a.a.O., S. 208

Entstehung kann ein Sonderfall entscheidend sein, der, wie der vorliegende vom Bundesverfassungsgericht entschiedene Fall, so exemplarisch die Anwendung des Vertrauensschutzes aus dem Grundsatz von Treu und Glauben erfordert, daß der Gesichtspunkt der Rechtssicherheit hinter die Durchsetzung des innerstaatlichen Verfassungsrechts zurücktreten muß.

bb) Welche Konsequenzen ergeben sich bei Bejahung eines Satzes des allgemeinen Völkergewohnheitsrechts im Sinne der Ausführungen des Bundesverfassungsgerichts?

(1) Als Ergebnis kann die Geltung des vom Bundesverfassungsgericht erkannten Satzes anerkannt werden. Der Bundesregierung und allen Verfassungsorganen hat das Gericht damit die rechtliche Möglichkeit zur Durchsetzung der verfassungskonformen Auslegung auch im völkerrechtlichen Bereich gewiesen. Auch die DDR ist an diesen Satz des allgemeinen Völkergewohnheitsrechts gebunden, und für die Staatengemeinschaft ist klargestellt, daß die Bundesrepublik Deutschland das Rechtsinstitut der deutschen Staatsangehörigkeit in der Interpretation des Grundvertragsurteils zu bewahren und zu beachten hat und deshalb auch nach außen auf die Anerkennung der durch dieses Rechtsinstitut geschaffenen Rechtsposition hinzuwirken verpflichtet ist.

(2) Diese Bindungswirkung ergibt sich daraus, daß Regeln des Völkerrechts allgemein verbindlich sind und von der Völkerrechtsgemeinschaft - nicht nur von dem Vertragspartner - beachtet werden müssen. Es wird nicht verkannt, daß eine so weitgehende Bindungswirkung problematisch ist (202), jedoch wird man diese Konsequenz gelten lassen müssen, wenn man die vom Bundesverfassungsgericht erkannte Auslegungsregel als Satz des allgemeinen Völkergewohnheitsrechts anerkennt. Mit der Ausführung, daß die besonderen Umstände die verfassungskonforme Vertragsauslegung "in der völkerrechtlichen Auseinandersetzung, insbesondere auch gegenüber dem Vertragspartner" rechtfertigen, hat das Bundesverfassungsgericht diese Bindungswirkung festgestellt.

(3) Auch wenn man eine so weitgehende Bindungswirkung ablehnt, wird die Auslegungsregel nicht bedeutungslos. Sie erhält dann den eingeschränkten Sinn, daß die Bundesrepublik Deutschland sich gegenüber der DDR auf die verfassungskonforme Vertragsauslegung berufen kann, ohne daß ihr bei einer derartigen Auslegung die DDR eine Verletzung von Vertragspflichten vorwerfen kann; m.a.W.: Die DDR muß auch bei eingeschränkter Bedeutung der Auslegungsregel und ihrer Bindungswirkung die verfassungskonforme Vertragsauslegung als rechtlich zulässige Handlungsweise der Bundesrepublik hinnehmen. Eine solche Hinnahme, die einschließt, daß die Vertragserfüllung durch die Bundesrepublik Deutschland entsprechend der ver-

---

202 Vgl. Ress a.a.O., S. 356 ff

fassungsgerichtlichen Vertragsauslegung erfolgt und nicht von der DDR als Vertragsverletzung beanstandet werden kann, gründet sich auf den über die Vertragsverhandlungen hinaus wirksamen Vertrauensschutz.

## 4. Aufhebung der Bestandswirkung durch Wandel der völkerrechtlichen Verhältnisse

Die völkerrechtlichen Verhältnisse, die hinsichtlich der Fortexistenz Deutschlands, des Deutschen Reiches, und der mit diesem Völkerrechtssubjekt identischen Bundesrepublik Deutschland bestehen, könnten sich dahin verändern, daß das Rechtsinstitut der deutschen Staatsangehörigkeit keinen Bestand mehr hätte. Das würde dann gelten, wenn die Völkerrechtsgemeinschaft einen Untergang des Völkerrechtssubjekts Deutsches Reich annehmen würde, und wenn dieser rechtliche Ausgangspunkt von allen Staaten im Verhältnis zur Bundesrepublik Deutschland als rechtlich verbindlich angesehen werden würde. Allerdings ist zu bedenken, daß der Sinn der Verantwortung der Vier Mächte für Deutschland einer derart weittragenden Änderung der Rechtsauffassung dieser Verantwortungsmächte widersprechen würde. Zutreffend hat das Bundesverfassungsgericht die Viermächte-Verantwortung für Deutschland, die durch Art. 9 des Grundvertrags unberührt geblieben ist, als eine "rechtliche Klammer für die Fortexistenz Gesamtdeutschlands" bezeichnet (203). Außerdem haben drei der vier Mächte sich in dem ebenfalls durch Art. 9 des Grundvertrags unberührt gebliebenen Deutschlandvertrag (204) verpflichtet, mit der Bundesrepublik zusammenzuwirken, um ein wiedervereinigtes Deutschland zu verwirklichen, das eine freiheitlich-demokratische Verfassung, ähnlich wie die Bundesrepublik, besitzt und das in die europäische Gemeinschaft integriert ist (205).

Allerdings könnten sich die völkerrechtlichen Verhältnisse auch dadurch ändern, daß vonseiten der Bundesrepublik Deutschland durch einseitige Erklärungen oder durch Vereinbarungen im Rahmen völkerrechtlicher Ver-

---

203 Urteil B) III) Ziff. 2 Abs. 2; BVerfGE 36, 19

204 Vertrag über die Beziehungen zwischen der Bundesrepublik Deutschland und den Drei Mächten (Deutschlandvertrag) vom 26. Mai 1952, in Kraft getreten am 5. Mai 1955, BGBl. 1955 II, S. 301 ff

205 Urteil B) IV) Ziff. 2; BVerfGE 36, 22
§ 7 Abs. 2 des Deutschlandvertrags lautet: Bis zum Abschluß der friedensvertraglichen Regelung werden die Unterzeichnerstaaten zusammenwirken, um mit friedlichen Mitteln ihr gemeinsames Ziel zu verwirklichen: Ein wiedervereinigtes Deutschland, das eine freiheitlich-demokratische Verfassung, ähnlich wie die Bundesrepublik, besitzt und das in die europäische Gemeinschaft integriert ist.

träge eine entsprechende Mitwirkung erfolgen würde, sei es durch einseitige Erklärung einer völkerrechtlichen Anerkennung der DDR, sei es durch eine Vereinbarung des gleichen Inhalts. Auch wenn eine solche Erklärung oder Vereinbarung nur die ausdrückliche Anerkennung der DDR-Staatsangehörigkeit beinhalten würde, käme dies einer völkerrechtlichen Anerkennung gleich (206) mit der Folge, daß die deutsche Staatsangehörigkeit keinen Bestand mehr haben könnte (207). Daß eine derartige Anerkennungserklärung oder Vereinbarung ein Verstoß gegen das Grundgesetz ist (208), würde der völkerrechtlichen Wirksamkeit nicht entgegenstehen (209).

---

206 siehe oben S. 119

207 siehe oben S. 120

208 siehe oben S. 112

209 Vgl. Kimminich, Einführung in das Völkerrecht, S. 256

## E. ZUSAMMENFASSUNG

Die mit dem Thema dieser Arbeit aufgegebene Untersuchung der Auswirkung des Grundvertragsurteils auf Funktion und Bestand der deutschen Staatsangehörigkeit ist erfolgt, indem die Aussagen dieses Urteils zur deutschen Staatsangehörigkeit ausgelegt worden sind, vor allem im Hinblick auf die Zielvorstellung der im Urteil enthaltenen Grundgesetz-Interpretation. Diese Untersuchung hat in den wesentlichen Punkten folgendes ergeben.

### I. Zur Funktion der deutschen Staatsangehörigkeit

Unter Funktion der deutschen Staatsangehörigkeit ist die diesem Rechtsinstitut innewohnende Aufgabe der Herbeiführung eines umfassenden Angehörigkeitsverhältnisses durch rechtliche Zuordnung nach innen zum Staat und durch Abgrenzung nach außen gegenüber anderen Staaten verstanden worden.

Die nach innen wirkende Funktion beinhaltet auch die Zuweisung staatsbürgerlicher Rechte und Pflichten, die "konstituierende Grundlagen des gesamten Gemeinwesens bilden" (1). Hierzu gehören auch die nur den Deutschen vorbehaltenen Grundrechte und grundrechtsgleichen Rechte.

Nach außen erwächst "unmittelbar aus der Grundbeziehung der Staatsangehörigkeit ... der nur den Deutschen zustehende Anspruch auf Schutz seitens der Bundesrepublik gegenüber dem Ausland, besonders auf diplomatischen Schutz und konsularische Betreuung durch die deutschen Auslandsvertretungen" (2).

Die durch das Grundvertragsurteil erfolgte Festlegung und Verdeutlichung der staatsangehörigkeitsrechtlichen Funktion kann wie folgt zusammengefaßt werden:

1. Der durch das Rechtsinstitut der deutschen Staatsangehörigkeit bewirkte Rechtsstatus beinhaltet nicht nur für die Vergangenheit sondern vor allem auch für die Zukunft die Zuordnung des Personenkreises der Deutschen zum fortbestehenden Staat Deutsches Reich (Deutschland) und damit die

---

1 BVerfGE 37, 217 (239)

2 BVerfGE 37, 217 (241)

Klarstellung und Festlegung, welche Personen das Staatsvolk dieses Staates bilden, nämlich die Bürger der Bundesrepublik Deutschland, die Bürger der Deutschen Demokratischen Republik, sowie alle Deutschen gemäß Art. 116 Abs. 1 GG.

2. Aus der Grundbeziehung der deutschen Staatsangehörigen zum Deutschen Reich und aus dem Grundsatz der Gleichbehandlung aller deutschen Staatsangehörigen folgt, daß die Regelungskompetenz für dieses Rechtsinstitut der Bundesrepublik Deutschland als dem mit dem Deutschen Reich identischen Staat zusteht.

3. Im Rahmen dieser Regelungskompetenz liegt es auch, daß nach der Rechtsauffassung der Bundesrepublik Deutschland staatsangehörigkeitsrechtliche Akte und Maßnahmen der DDR, soweit es sich um den Erwerb der Rechtsposition als "Bürger der DDR" handelt, durch Umbildung oder Transformation automatisch - mit der Maßgabe der Überprüfung nach dem ordre public der Bundesrepublik - zum Erwerb der deutschen Staatsangehörigkeit führen.

4. Alle deutschen Staatsangehörigen haben die gleichen staatsbürgerlichen Rechte, die gleichen Grundrechte und grundrechtsgleichen Rechte.

5. Hinsichtlich der staatsbürgerlichen Pflichten ist jedoch zu unterscheiden zwischen den deutschen Staatsangehörigen, die im Geltungsbereich des Grundgesetzes wohnen oder ihren ständigen Aufenthalt haben und den deutschen Staatsangehörigen in den darüberhinausgehenden anderen zum Staat Deutsches Reich gehörenden Gebieten; hinsichtlich der letzteren verzichtet die Bundesrepublik Deutschland auf Erfüllung dieser Pflichten.

6. Die Bewahrung und Erhaltung der deutschen Staatsangehörigkeit und der durch sie begründeten Rechtsposition ist als Verpflichtung allen Verfassungsorganen, allen staatlichen Behörden und Gerichten der Bundesrepublik Deutschland aufgegeben.

7. Das Rechtsinstitut der deutschen Staatsangehörigkeit ist für die anzustrebende Wiedervereinigung Deutschlands - die Wiederherstellung der staatlichen Einheit - von fundamentaler Bedeutung und gewährt eine über den Geltungsbereich des Grundgesetzes hinauswirkende rechtliche Grundposition.

## II. Zum Bestand der deutschen Staatsangehörigkeit

Unter Bestand der deutschen Staatsangehörigkeit ist die Aufrechterhaltung des Wirkungseffektes dieses Rechtsinstituts und dessen Fortgeltung verstanden worden. Das Grundvertragsurteil hat verdeutlicht und festgestellt, daß die deutsche Staatsangehörigkeit wegen der mit ihr verbundenen rechtlich relevanten Funktion erhalten bleiben und fortgelten soll, was von allen Verfassungsorganen, allen staatlichen Behörden und Gerichten der Bundesrepublik Deutschland zu beachten ist.

Auch unter der Prämisse, daß sich eine Verfassungsänderung ohne Änderung des Verfassungstextes als sogenannter stiller Verfassungswandel vollziehen könnte, ist hinsichtlich der deutschen Staatsangehörigkeit eine solche dieses Rechtsinstitut beeinträchtigende oder gar aufhebende Möglichkeit auszuschließen, und zwar aus folgenden Gründen:

a) Im rechtlichen Bereich - Gesetzgebung, Rechtsprechung und Rechtsanwendung - ist seit Verkündung des Grundvertragsurteils keine grundsätzliche Norm geschaffen, durch Interpretation gefunden oder in der Rechtspraxis angewandt worden, die eine Fortgeltung der deutschen Staatsangehörigkeit in Frage stellen könnte.

b) Auch im Tatsachenbereich ist keine grundlegende Änderung der für das Staatsangehörigkeitsrecht in Betracht kommenden Verhältnisse eingetreten, die einer Fortgeltung dieses Rechtsinstituts hinderlich sein oder ihr entgegenstehen könnte.

c) Deshalb muß, selbst wenn man einen stillen Verfassungswandel grundsätzlich als zulässig erachten will - obwohl einer solchen Auffassung rechtliche Bedenken entgegenstehen -, auch weiterhin das Grundgesetz hinsichtlich des Rechts der deutschen Staatsangehörigkeit so ausgelegt und angewandt werden, wie es der Interpretation des Grundvertragsurteils entspricht.

Aber nicht nur für den innerstaatlichen Bereich sondern auch für den völkerrechtlichen ist durch das Grundvertragsurteil der Bestand der deutschen Staatsangehörigkeit gewahrt und gesichert worden. Das gilt für die Feststellung, daß das Abschließen des Vertrags nicht als völkerrechtliche Anerkennung gewertet werden kann, und für das Erkenntnis der völkerrechtlichen Verbindlichkeit der verfassungskonformen Vertragsauslegung, und zwar wie folgt:

1. Für die Staatengemeinschaft ist klargestellt, daß die Bundesrepublik Deutschland als der mit dem Staat Deutsches Reich identische Staat auch im völkerrechtlichen Bereich hinsichtlich des Rechtsinstituts der deutschen Staatsangehörigkeit das Grundgesetz in der Interpretation des Grundvertragsurteils zu beachten hat und deshalb auch nach außen auf die Anerkennung der durch dieses Rechtsinstitut geschaffenen Rechtsposition hinzuwirken verpflichtet ist.

2. Auch für die DDR besteht aufgrund der Besonderheit der Beziehungen zur Bundesrepublik Deutschland hinsichtlich der deutschen Staatsangehörigkeit eine Bindung an die durch das Bundesverfassungsgericht erkannte verfassungskonforme Auslegung.

3. Deshalb kann ein sich auf diese Auslegung stützendes Verhalten der Bundesrepublik Deutschland von der DDR mit völkerrechtlicher Wirksamkeit nicht beanstandet werden.

## III. Zum Abschluß: Die Bedeutung des Rechtsbewußtseins für die deutsche Staatsangehörigkeit

Krüger hat darauf hingewiesen, "daß die große Mehrheit der Menschen in ihrem Staat und in der Zugehörigkeit zu ihm einen hohen persönlichen Wert sieht, der mit Stolz erfüllt" (3). Es mag allerdings auch viele Menschen geben, für die die Zugehörigkeit zu einem bestimmten Staatsvolk und die Angehörigkeit zu einem bestimmten Staat nichts bedeutet, weder in materieller noch in ideeller Hinsicht. Das kann in der westlichen Welt vor allem darauf beruhen, daß übernationale Institutionen eine immer mehr hervortretende Bedeutung erlangt haben. Es mag aber auch damit zusammenhängen, daß für die in einer Wohlstandsgesellschaft lebenden Menschen die materiellen Dinge vielfach Vorrang vor den geistigen Belangen haben.

Die Wirkungskraft des Rechtsinstituts der Staatsangehörigkeit beruht im wesentlichen auf dem Rechtsbewußtsein der Menschen, denen als Staatsangehörigen die Rechtsposition der Staatsangehörigkeit zusteht und die als Staatsbürger die sich daraus ergebenden Rechte und Pflichten haben. Unter Rechtsbewußtsein soll eine geistige Haltung verstanden werden, wonach die Zugehörigkeit zum Staatsvolk nicht nur gefühlsmäßig empfunden sondern darüberhinaus als Rechtsposition und Zuordnung zum Staat bewußt erkannt und bejaht wird.

Die ungewöhnliche Rechtslage, in die das Deutsche Reich nach dem zweiten Weltkrieg geraten ist, hat dazu geführt, daß sich die Deutschen innerhalb und vor allem auch außerhalb der Bundesrepublik Deutschland mit der Staatsangehörigkeitsfrage beschäftigten und dabei auf die mit dieser Frage verbundenen Probleme stoßen. Daraus ergibt sich, wie bedeutsam für den Wirkungseffekt der zum Staatsangehörigkeitsrecht erkannten Aussagen des Bundesverfassungsgerichts es ist, daß das Rechtsbewußtsein der Deutschen hierzu wachgehalten und gestärkt wird.

Das Bundesverfassungsgericht hat im Grundvertragsurteil ausdrücklich hingewiesen auf die verfassungsmäßige Pflicht der Bundesregierung und aller übrigen Organe in Bund und Ländern, "das öffentliche Bewußtsein nicht nur für die bestehenden Gemeinsamkeiten sondern auch dafür wachzuhalten, welche weltanschaulichen, politischen und sozialen Unterschiede zwischen der Lebens- und Rechtsordnung der Bundesrepublik Deutschland und der Lebens- und Rechtsordnung der Deutschen Demokratischen Republik bestehen" (4). Im Rechtsinstitut der deutschen Staatsangehörigkeit haben alle Deutschen in Bezug auf Deutscnland den gleichen Rechtsstatus und

---

3 Krüger a.a.O., S. 7

4 Urteil B) V) Ziff. 9 d; BVerfGE 36, 34

die gleiche Rechtsposition. Die DDR erkennt dies nicht mehr an. Für sie ist Deutschland untergegangen. Die demgegenüber vom Bundesverfassungsgericht erkannte Fortexistenz Deutschlands wird nicht zuletzt dadurch gewährleistet, daß alle Deutschen in dem Rechtsinstitut der deutschen Staatsangehörigkeit einen gemeinsamen Rechtsstatus und eine gemeinsame Rechtsposition haben und sich dessen bewußt bleiben.

Ein Beispiel für die Bedeutung und die Wirksamkeit, die dem Nations- und Geschichtsbewußtsein der Bevölkerung zukommen, ist das Urteil des polnischen Obersten Gerichts von 1922, in dem der Untergang des polnischen Staates durch die Teilungen Polens verneint worden ist, und in dem es unter anderem heißt:

> "Staaten gehen nur dann unter, wenn die Bevölkerung das Bewußtsein der gesellschaftlichen Besonderheit gegenüber der fremden Niederwerfung verliert, wenn sich die gesellschaftliche Psyche der Bewohner ändert, man sich entschieden - wenn auch langsam - mit der neuen Ordnung abfindet, wenn überhaupt die Tradition und der stete Wille zur Aufrechterhaltung früherer Bestrebungen, Überzeugungen und Formen gemeinschaftlichen Lebens schwinden" (5).

So hat sich, wie dieses Beispiel zeigt, das Nations- und Geschichtsbewußtsein der Polen als Klammer bei der Gefährdung der nationalen Existenz erwiesen (6).

Abschließend sei noch bemerkt, daß ich den Vorspruch gewählt habe, weil er zeigt, wie tief der Dichter Reiner Kunze die Spaltung Deutschlands empfindet, und wie er trotz der Teilung des Staates den Gedanken der Identität und der Fortexistenz Deutschlands in seiner Person erkannt und bewußt gemacht hat. Noch deutlicher ist das in einem im deutschen Fernsehen am 16. Oktober 1979 übertragenen Interview zum Ausdruck gekommen, als Reiner Kunze auf die Frage, was sein Vaterland sei, geantwortet hat: "Mein Vaterland ist Deutschland".

---

5 Das Zitat ist entnommen von: Stoll, a.a.O., S. 236

6 Danowski, Das Polenbild der "Landsmannschaft Ostpreußen", S. 35

www.ingramcontent.com/pod-product-compliance
Ingram Content Group UK Ltd.
Pitfield, Milton Keynes, MK11 3LW, UK
UKHW021233031026
15588UKWH00001B/62

9 783820 470567